农户行为视角下
农业要素配置的福利效应研究

陈 飞 著

本书获得东北财经大学出版基金、国家社会科学基金一般项目（项目批准号：14BJY120）、辽宁省"兴辽英才计划"项目（XLYC1804010）资助。

科学出版社

北京

内 容 简 介

本书围绕农户生产投入选择、农地流转、农村劳动力迁移、农业技术采用和农户借贷五个方面,结合相关惠农政策,采用农户家庭调查数据和现代微观计量估计方法,对农户福利改善的原因、机制及绩效进行系统论证。将理论分析和实证分析有效地结合起来,明晰影响我国农户福利的决定因素,充分了解农户生产决策导致的资源配置影响农户福利的内在机制,并获得定量测算结果,为乡村振兴战略的顺利实施提供参考依据。

本书适合高等院校从事农村问题分析的教师、硕士和博士研究生使用,也可为国家各级政府部门的分析和决策提供参考。

图书在版编目(CIP)数据

农户行为视角下农业要素配置的福利效应研究 / 陈飞著. —北京:科学出版社,2022.5

ISBN 978-7-03-071531-9

Ⅰ. ①农… Ⅱ. ①陈… Ⅲ. ①农业生产 – 生产要素 – 配置 – 研究 – 中国 Ⅳ. ①F325

中国版本图书馆 CIP 数据核字(2022)第 028199 号

责任编辑:王丹妮 / 责任校对:张亚丹
责任印制:张 伟 / 封面设计:无极书装

科学出版社 出版
北京东黄城根北街 16 号
邮政编码:100717
http://www.sciencep.com
北京建宏印刷有限公司 印刷
科学出版社发行 各地新华书店经销

*

2022 年 5 月第 一 版 开本:720×1000 B5
2023 年 1 月第二次印刷 印张:9 1/4
字数:183 000
定价:106.00 元
(如有印装质量问题,我社负责调换)

序　言

　　长期以来，"三农"问题都是我国全面建成小康社会和现代化进程的关键。党的十六届五中全会提出的"建设社会主义新农村"的概念为农村发展制定了指导路线，而新农村建设的首要任务，就是发展农村经济、增加农民收入。农民是扎根在乡村土地上的主体，其需求的满足程度是评价乡村发展、乡村振兴的重要标准。因此，实现农民致富，提高农民福利水平是解决"三农"问题的基本目标。

　　通过增加农业收入来改善农户福利是一个有效且根本的方法。21世纪以来，中国农业发展取得举世瞩目的成就，粮食产量基本实现自给自足，农民生活水平不断提高，但缺乏规模化生产经营的土地、技术等生产投入资料，并且面临更加严格的信贷约束，导致农户福利水平难以进一步提高。2015年发布的《中共中央国务院关于加大改革创新力度　加快农业现代化建设的若干意见》指出，围绕促进农民增收，加大惠农政策力度，继续实施种粮农民直接补贴、良种补贴、农机具购置补贴、农资综合补贴等政策，优先保证农业农村投入，必须充分挖掘农业内部增收潜力。2018年，全国范围内土地确权工作基本完成，形成土地所有权、承包权、经营权三权分置的稳定局面，促使土地经营权的有序流转，为农业生产的规模化经营奠定基础。同时，农村金融改革如火如荼，积极开展新型农业经营主体（家庭农场、农民合作社、农业社会化服务组织等）"首贷"、无还本续贷业务，并健全金融服务组织体系、扩宽多元化融资渠道、提升农业保险服务能力、强化政策激励等，引导金融机构加快金融创新支持"三农"发展。惠农政策的实施是否改变农户的生产投入决策？该生产决策诱致的要素配置的变化是否提高农户的福利水平？其作用路径及效果如何以及制约因素又有哪些？针对上述问题展开研究，有助于为我国政府进一步制定惠农政策、全面推进乡村振兴、加快实现农业农村现代化、改善农民福利、实现共同富裕提供经验支持和决策参考。

　　本书是在陈飞教授主持的国家社会科学基金一般项目（项目批准号：14BJY120）的主要研究成果基础上扩展而成的。这部学术专著围绕农户生产投入选择、农地流转、农村劳动力迁移、农业技术采用和农户借贷五个方面，并结合相关惠农政策，采用多种计量方法，尤其是使用微观数据和现代微观计量估计方法，对农户福利改善的原因、机制及绩效进行系统论证。本书是一部较系统的基于个人和家庭视角分析农户行为决策与福利问题的专著，这些研究既是政府在乡村振兴过程中密切关注的问题，也是学术界长期探索的重要问题。

　　　本书的实证检验以理论分析为基础进行展开，结构严谨合理，能够使读者充分了解农户福利改善的决定因素以及其变化的内在机制，并且现代微观计量估计方法的使用，能够为农户福利提高以及乡村振兴战略的更好实施提供有效的分析工具。

　　　本书在理论和实证方面主要作出以下贡献：第一，通过研究农户生产投入行为对家庭福利的影响作用，进而基于农户福利角度评价农业生产要素的配置效应，拓宽行为经济学的研究视角。第二，采用经济理论分析和计量经济模型分析相结合的分析方法，使研究更具规范性和科学性。第三，采用 Heckman 样本选择模型解决模型设定中存在的内生性问题、采用倾向得分匹配（propensity score matching，PSM）法构造用于比较分析的匹配样本、基于模糊 RD（regression discontinuity，断点回归）估计获得局部平均处理效应（local average treatment effect，LATE）等一系列前沿分析方法，有效增强政策绩效评价结果的客观性。

　　　目前，尽管我国政府不断加大对农户的扶持力度以及对乡村现代化的建设力度，并不断进行制度创新和改革，但是农户福利水平如果不能得到提高，将对乡村振兴战略的继续推进产生不利的影响。这部学术专著虽然不能完全回答以上问题，但是相信这部专著对理解农户行为决策对农户福利的影响会有所帮助，也将对乡村振兴的研究起到推动作用。

前　　言

　　长期以来，"三农"问题都是我国全面建成小康社会和现代化进程的关键。农业作为国民经济的基础，关系到国家富强与社会安定，农民作为扎根在乡村土地上的主体以及"三农"问题的核心，乡村建设也好，农业可持续发展也好，都需要考虑农民的主体性。新农村建设的首要任务，就是发展农村经济、增加农民收入。本书依照理论分析、实证研究及政策完善的研究次序，考察农户生产决策对农户福利的积极作用以及存在的问题。并将理论分析和实证分析有效地结合起来，明晰影响我国农户福利的决定因素，充分了解农户生产决策导致的资源配置影响农户福利的内在机制，并获得定量测算结果，为乡村振兴战略的实施提供参考依据。

　　本书主要有以下几个方面的显著特点：一是依照理论分析、实证检验及政策完善的研究次序对问题进行展开分析，思路严谨，结构合理；二是将理论分析和实证分析有效地结合起来，所有的实证分析都以经济理论为基础而展开，以期明晰影响我国农户福利改善的决定因素，充分了解农户生产决策和农户福利变化的内在机制，并为政策评价研究提供一种合理的研究范式；三是前沿分析方法的使用，能够为政府在制定乡村振兴战略、提高农户福利的相关决策中提供有效的分析工具。

　　本书是在作者主持的国家社会科学基金一般项目（项目批准号：14BJY120）的主要研究成果基础上扩展而成的。全书共分八章进行论述，具体内容如下。

　　第 1 章：主要是对本书中涉及的经济背景和理论背景进行概括性的介绍与说明，并对农户行为决策的相关研究进行文献综述，最后给出主要内容及结构安排。

　　第 2 章：从"理性农民"经济假设出发，利用生产函数和成本函数分析农业补贴影响农户增加生产投入的一般路径。在此基础上，基于随机效应决策模型构建解释农户生产投入行为的实证框架，分析农业补贴对农户生产投入选择行为的影响及其收入效应。

　　第 3 章：基于农户行为视角构建解释农地流转诱因的微观理论框架，在此基础上，利用倾向得分匹配法和中国家庭追踪调查中的农村家庭数据，分析农户土地流转决策行为并评价福利效应。

第 4 章：利用 2010 年和 2013 年中国综合社会调查（Chinese General Social Survey，CGSS）的截面数据与倾向得分匹配法构建一组两期面板数据集，在此基础上基于人口迁移理论和双重差分（difference in difference，DID）回归方法，评价迁移行为对城镇移民主观幸福感的因果效应。

第 5 章：基于 CGSS 数据实证检验农户技术采用对农业生产力和家庭福利的作用机制。

第 6 章：基于农业生产投入视角对农户借贷福利效应的形成路径进行理论分析，在此基础上，利用倾向得分匹配法和中国家庭追踪调查数据，区分正规借贷和民间借贷两种途径，分析农户借贷行为并评价其福利效应。

第 7 章：基于个体效用函数构建解释新型农村社会养老保险（以下简称新农保）政策影响主观效用的理论框架，并利用 2011~2015 年三轮中国健康与养老追踪调查（China Health and Retirement Longitudinal Study，CHARLS）数据，采用模糊 RD 模型和 RD-DID 模型考察新农保政策与农村老年劳动力主观效用之间的因果关系。

第 8 章：本书的研究结论和相关政策建议。

在本书出版之际，感谢东北财经大学经济学院领导的大力支持，感谢东北财经大学国家重点（培养）学科（数量经济学）建设基金的资助；还要特别感谢科学出版社的编辑，是他们的热情鼓励和辛勤付出，使本书得以顺利出版。

近年来研究农户福利问题的文献浩如烟海，本书的研究只是沧海一粟。尽管作者本着严谨的写作态度，查阅了大量的资料和数据，力求对我国农户福利研究做出一点贡献，但由于水平有限，不足之处在所难免，诚恳希望专家、同行、读者不吝赐教。

目　　录

第1章 绪 论

1.1 选题背景和意义

十九大报告指出，农业农村农民问题是关系国计民生的根本性问题，必须始终把解决好"三农"问题作为全党工作重中之重[①]。长期以来，"三农"问题都是我国全面建成小康社会和现代化进程的关键。2001年3月，国务院总理朱镕基在《关于国民经济和社会发展第十个五年计划纲要的报告》中说："农业、农村和农民问题是关系改革开放和现代化建设全局的重大问题。"[②]在2003年的中央农村工作会议中，胡锦涛提出把农业、农村和农民问题作为全党工作的重中之重[③]。2005年10月，党的十六届五中全会提出的"建设社会主义新农村"的概念为农村发展制定了路线，而新农村建设的首要任务，就是发展农村经济、增加农民收入。农民是扎根在乡村土地上的主体，其需求的满足程度是评价乡村发展、乡村振兴的重要标准。因此，实现农民致富，提高农民福利水平是解决"三农"问题的基本目标。

通过增加农业收入来改善农户福利是一个有效且根本的方法，但部分农户缺乏规模化生产经营所需土地、技术等生产投入资料，并且面临更加严格的信贷约束，难以凭借自身的力量筹集到所需资金。这将导致农户陷入缺乏资金，农业生产投入较少，农业收入低下，继而又导致福利水平进一步降低的恶性循环中。因此，需要通过惠农政策的实施改变农户农业生产的投入选择行为，来打破这一怪圈循环。2015年发布的《中共中央 国务院关于加大改革创新力度 加快农业现代化建设的若干意见》指出，围绕促进农民增收，加大惠农政策力度，继续实施种粮农民直接补贴、良种补贴、农机具购置补贴、农资综合补贴等政策，优先保证

---

① 资料来源于 http://www.gov.cn/zhuanti/2017-10/27/content_5234876.htm。
② 资料来源于 http://www.gov.cn/gongbao/content/2001/content_60693.htm。
③ 资料来源于 https://m.thepaper.cn/baijiahao_14144928。

农业农村投入，必须充分挖掘农业内部增收潜力。推进农村集体产权制度改革。探索农村集体所有制有效实现形式，创新农村集体经济运行机制。在确保土地公有制性质不改变、耕地红线不突破、农民利益不受损的前提下，按照中央统一部署，审慎稳妥推进农村土地制度改革。2018 年全国范围内土地确权工作基本完成，形成土地所有权、承包权、经营权三权分置的稳定局面，促使土地经营权的有序流转，为农业生产的规模化经营奠定基础。并且，2019 年 1 月 1 日正式实施的《中华人民共和国农村土地承包法（修正案）》增加第四十七条：承包方可以用承包地的土地经营权向金融机构融资担保，并向发包方备案。受让方通过流转取得的土地经营权，经承包方书面同意并向发包方备案，可以向金融机构融资担保。与此同时，农村金融改革如火如荼，积极开展新型农业经营主体（家庭农场、农民合作社、农业社会化服务组织等）"首贷"、无还本续贷业务。在健全金融服务组织体系、扩展多元化融资渠道、提升农业保险服务能力、强化政策激励等多方面引导金融机构加快金融创新，支持"三农"发展。因此，无论对于小农户还是规模化经营的专业化农户来说，开展农业生产的资金约束将得以缓解。

惠农政策的实施是否会改变农户的生产投入行为？该生产投入的要素配置的改变能否提高农户的福利水平？其作用路径及效果如何以及制约因素又有哪些？针对上述问题展开研究，有助于为我国政府进一步制定惠农政策、全面推进乡村振兴、加快实现农业农村现代化、改善农民福利、实现共同富裕提供经验支持和决策参考。

本书的选题意义体现如下：①与现有研究多数从粮食增产或农民增收角度分析惠农政策以及农户行为效应不同，本课题主要关注农户生产投入行为的选择对农户福利的影响，以及农业生产要素配置的变化所引致的农户福利改变，扩展农户生产行为的研究视角。②将农户生产行为理论和研究方法与惠农政策绩效评价相结合，有助于理解惠农政策影响的微观机制，并为政策评价研究提供一种合理的研究范式。③基于不同情景下的农户生产选择行为的研究，有助于政府预判针对乡村发展的政策实施效果，为制定差别式政策提供参考依据。本书研究成果对福利经济理论的学术研究具有借鉴意义，并对我国政府推进乡村振兴战略的实施具有重要应用价值和实践意义。

1.2 国内外研究进展及文献综述

惠农政策的实施以及农户生产行为的选择如何影响农户收入和福利水平？农户增收致富这个问题已经成为乡村振兴的主要关注方面。实际上，惠农政策的讨论或多或少与农户生产行为、生产要素投入以及农户收入和福利交织在一起，但是之前没有系统地评估这方面的影响，也没有把这个问题作为讨论的主要构成。

实际上，评估农户行为政策和个体福利影响面临着巨大的挑战，因为农户个体福利在本质上是个人特征，必须在微观水平上进行操作。因此，研究者需要个人，而不是整体或任何特定的综合群体，在特定政策下可能会怎样生活的信息或者预测。特定地，政府在制定农业政策时也必须要考虑到其对农户行为的影响，农业政策效果须通过对农户决策行为的影响来实现，而作为政策制定者，必须知道哪些因素决定着农户生产行为决策，反过来，农户的生产决策又可能对政府政策的实施效果产生影响。国内外的学者将研究视角逐步拓展到研究农户生产行为的微观领域，并基于农户生产行为的视角来进一步研究生产要素配置的福利效应。

1.2.1　国外研究进展及文献综述

农户进行农业生产时的行为决策一直以来都是各国支持本国农业发展、提高农村经济发展水平而实施政策的重要评价指标之一，美国、巴西、欧盟等发达国家和地区对农户行为的研究较早，体系较为成熟。虽然中国社会和农业发展具有自己的特点，但是国外相关的研究，尤其是关于印度、非洲农户生产行为与农户福利关系的最新研究对我国具有一定借鉴意义和参考价值。

1. 农业补贴对农户生产投入行为的影响

农业补贴政策对农业生产投入决策具有至关重要的作用。Vercammen（2007）的研究表明，补贴采用直接给付的方式"增加了农户收入"，缓解农户所面临的信贷约束，促使他们增加农业资本投入，提高产出。Goodwin 和 Mishra（2006）利用美国农场数据的研究表明，农业补贴政策对农户增加投入具有显著的促进作用，而脱钩补贴政策虽然没有挂钩补贴政策的效果明显，但也能够刺激农户的生产积极性。Koundouri 等（2009）则发现与生产脱钩的直接补贴通过影响农户的收入水平、信贷约束和风险偏好来间接影响农户的要素投入行为。农业补贴直接或间接地影响农户的生产投入行为。Sumner（2014）认为美国农业规模不断扩大、生产效率显著提升与政府所采取的农业扶持政策息息相关。Benin（2015）使用 270 个农户的调查数据，研究非洲农业机械服务政策对农业产出增加的影响，认为农业机械服务可以减少农民劳动投入，进而提高农业生产效率，增加农业产量。Fan 等（2008）对印度农村的研究结果表明，农业补贴可以促使农户选择更好的技术，使其增加农业收入。Ferguson 和 Olfert（2016）利用人口普查和运费率联合数据分析取消交通补贴对农民接受新的农业生产技术的影响，结果显示交通补贴对农民使用新技术具有显著的正向作用,同时得出增加交通成本会增加肥料使用量的结论。Karamba 和 Winters(2015)研究了马拉维农业补贴对农业生产效率的影响,认为虽然实施农业补贴并没有缩小男女之间生产效率的差距,但农业补贴显著地提升男性、女性的生产效率。一些学者持相反的态度,认为农业补贴并没有对农业生产效率的提高产生积极作用,如 Liu 等(2015)使用中国 23 个省份 11 年的面板数据,分析在实施农业补贴政策期间,水稻生产效率水平变化情况,结果表明农业补贴增加并没有对水稻生产效率的提高发挥显著作用。

2. 土地流转和劳动力迁移行为对农户收入的影响

Adamopoulos 等(2017)利用中国家庭的面板数据研究发现,由于中国的家庭联产承包责任制,中国农村的土地市场和资本市场存在很大弊端,拥有高生产率的农民的能力将受到限制,劳动力分配不合理,降低农业生产率。反之,土地的流转将扩大土地规模,进而提高农业生产率,提高农户收入。Adamopoulos 和 Restuccia(2014)也发现,相对于贫穷国家,富裕国家有更大的土地规模,且其农业生产率也更高。并且,Adamopoulos 和 Restuccia(2015)通过对 1988 年菲律宾的土地改革政策的研究发现,政府设置农地经营上限,限制土地流转,将导致菲律宾农业生产效率下降 17%。Jin 和 Deininger(2009)采用 2001~2004 年 8 000 个样本农户的数据和普通最小二乘(ordinary least square,OLS)法,分析土地租赁对农户人均净收入和生产效率的影响,研究发现农地租赁行为的产生有利于土地从低生产率和从事非农工作的农户流转到有充足劳动力的生产效率较高的贫穷农户手中,显著提高农业的生产效率,正面说明农地的流转对农户的增收作用。土地的流转将引发农村劳动力向城市迁移。Nikolova 和 Graham(2015)在评估迁移行为对来自转型国家移民的福利影响时,发现迁移不仅带来收入增长,并且提高了移民的主观幸福感和自由满意度。Knight 和 Gunatilaka(2010)首次研究发展中国家乡城迁移与幸福感之间的关系,指出城镇移民的收入要远高于农村居民,但幸福感却低于农村居民,也低于城市居民。来自横截面数据的实证证据表明,尽管国际移民的物质福利水平有所提高,但通常伴随着主观幸福感的下降(Stillman et al.,2015;Bartram,2011;Betz and Simpson,2013),且结论会因移民的来源国和参照组不同而有所差异,如在以色列,来自西欧国家移民的幸福感要高于前苏联国家的移民(Amit and Litwin,2010),第一代移民的幸福感要高于第二代移民(Senik,2011)。

3. 农业技术采用和资金借贷对农户福利的影响

Francis 等(2006)对澳大利亚南部地区农户采用免耕农业技术的行为决策进

行时间序列分析研究。结果表明，其他农作物的成本和收益与采用该种农业技术有着密切的关系。Bustos 等（2016）通过研究巴西采用转基因大豆种子新技术的影响，发现节约劳动型的农业新技术的采用有助于提高农业生产率，促进结构转型。Rahman 等（2011）的研究表明，孟加拉国北部三个地区农业机械的使用对小麦生产的劳动投入具有明显的替代作用，并认为机械与合适的技术相结合会大幅度提高农业生产效率。机械化和新技术的采用，避免不了资金的支持。Feder 等（1990）认为农户信贷在短期内可以缓解家庭资金的短缺，改变家庭的农业生产决策，提高农户收入，并可以直接或间接地提高家庭的消费水平，从而改善农户家庭福利。Fulford（2013）也发现农户短期内信贷行为的发生对平滑家庭消费是有益的，从而有利于提高家庭的福利水平。Luan 和 Bauer（2016）的研究却得出不同的结论，认为农户借贷对福利的提高作用只发生在经济条件较好的家庭，且只提高家庭的非农收入，对农业收入不产生任何影响。

1.2.2　国内研究进展及文献综述

长期以来特别是改革开放以来，我们党始终高度重视"三农"问题，将其作为治国理政的重中之重，并且采取一系列强有力的措施解决"三农"问题，使农业农村面貌得到显著改善。学者们对"三农"问题尤其是农民问题展开了一系列研究，与本书相关的研究大致归纳如下。

1. 农业补贴对农户生产投入行为的影响

吕炜等（2015）运用 2005~2012 年省级面板数据，从农村"推力"的角度分析农机具购置补贴、农业生产率和农村劳动力转移之间的关系，指出农机具购置补贴可以鼓励农户购买农业机械，进而极大地提高农业生产效率。此外，洪自同和郑金贵（2012）、李军富（2009）都一致同意农机具购置补贴是提高农业综合生产能力的主要手段，可以促进技术效率的提升。杨万江和孙奕航（2013）采用多元线性回归模型的最优尺度方法进行研究，发现每亩（1 亩≈666.67 平方米）补贴标准对稻农的种植投入具有显著影响，农户的生产规模越大则生产积极性越高。王阳和漆雁斌（2014）在分析农户生产效率及其影响因素时，把农户是否获得农业补贴作为虚拟变量做定量分析，得到农业补贴对农业生产技术效率提升具有显著促进作用的结论。李谷成等（2014）对我国油菜主产区 1 486 个油菜种植户良种补贴政策实施效果进行实证评价，结果表明低水平全覆盖的良种补贴政策整体上有效，对油菜生产效率提高起到一定的促进作用。然而，一些学者认为农业补贴对效率提升并没有产生显著影响。钟春平等（2013）在安徽省岳西县进行调查获取的家户微观数据基础之上，采用顺序逻辑模型的实证研究发现农业补贴部分提高农业生产要素投入、单位产出和农户的福利水平，但对农业生产技术效率没有显著影响。

2. 土地流转和劳动力迁移行为对农户收入的影响

李庆海等（2011）使用农业部固定观察点 2003~2009 年 817 个样本农户数据，利用多重内生处理效应模型的两阶段估计对农户土地租赁行为的福利效应进行估计，发现不管是租入还是租出土地，农户的福利水平都有显著提高。朱喜等（2011）运用全国农村固定跟踪观察农户数据，研究发现要素配置的扭曲在很大程度上影响了农业生产率，而要素配置的扭曲主要与土地规模较小有关。类似地，盖庆恩等（2015）评价家庭联产承包责任制下土地资源误配的影响程度，发现若土地能够有效配置，将使农业全要素生产率提高 1.36 倍。毕竟在土地流转过程中，土地从低生产率的农户转移到高生产率的农户，使农地更加集中化，且促使农业平均产出增加，提高农地资源的利用率和农地产出率。在有关劳动力迁移行为对农户福利影响研究中，学者们针对不同的群体得出不同的结论。张雅欣和孙大鑫（2019）比较有户籍变动迁移经历的人群和没有户籍变动迁移经历的人群的幸福感差异，发现有户籍变动迁移经历的人群迁移后的幸福感更高。孙三百和白金兰（2014）也得出同样的结论，利用平均处理效应方法解决迁移者和非迁移者之间的异质性问题，发现获取户籍的迁移行为并未降低幸福感，而未获取户籍的迁移行为则降低移民幸福感。祝仲坤等（2019）使用2012年流动人口动态监测调查数据和倾向得分匹配法研究发现，相比于省内迁移，跨省迁移对农民工的主观幸福感有显著负面影响；相比于家庭化迁移，孤身外出会显著弱化农民工的主观幸福感。

3. 农业技术采用和资金借贷对农户福利的影响

杨鑫和穆月英（2020）利用 2015~2017 年河北、山东、辽宁等蔬菜主产区农户调研数据，研究发现滴灌的采用对农户收入产生显著的正向影响。黄腾等（2018）研究发现有效节水灌溉技术采用有助于农业亩均收入的增长，并且农业亩均收入低于平均水平的农户更愿意采用有效节水灌溉技术。李学术和向其凤（2010）从收入结构、历史发展及技术选择偏误等多角度论证得出农业技术的采用有利于农户长期增收，但也有研究得出不同的结论。王益松（2004）认为新技术的采用将导致农业投入要素价格上涨，但是产品的价格下降，普通农户面对如此的双重压力很难实现收入的增加，收入分配可能出现进一步恶化的情况。资金借贷对农户福利的影响也呈现出差异性状况。朱喜和李子奈（2007）基于工具变量的分位数回归模型的研究结果显示，借贷从总体上促进农户收入增长，但在不同收入层次上借贷的产出效应存在差异。刘辉煌和吴伟（2014）基于中国家庭金融调查微观数据研究农户的借贷状况及其收入效应，认为贷款对农户收入具有显著促进作用，但在低收入水平上贷款的收入效应并不明显，且相当多具有借贷需求的农户没有得到贷款支持。李庆海等（2012）估计农户遭受信贷配给的程度及其对农户家庭净收入和消费支出的影响，发现信贷配给使得农户家庭净收入减少18.50%，而另一些学者的研究得出相反结论，如韦克游（2014）的研究表明，农户资金问题不在于资金的有效使用环节，而在于资金的可得性环节，中国农村金融对农户的信贷供给不足是导致家庭农业收入增长放缓的重要原因。

上述文献对研究农户生产行为对福利的影响效应具有重要的理论和方法借鉴意义，但也存在一定不足：其一，较少有文献考察农业补贴对农户生产行为的影响，不利于对农户生产行为福利效应的微观机理进行解释；其二，研究视角多集中于评价要素配置的收入效应，但是对农户的“自选择”行为却缺少检验，毕竟农业生产要素配置的结果是由农户的行为产生的；其三，多数研究使用宏观数据，不易区分农户行为对收入产生的增长效应和分配效应。为弥补上述不足，本课题拟基于农户行为视角，利用农村家庭调查数据和微观计量模型，评价农户行为导致的要素配置的福利效应。

1.3　农户行为理论分析

从农户所追求的经济目标角度来分析，早期学术界的相关研究已经形成比较完整的体系。美国的西奥多·舒尔茨和苏联的恰亚诺夫两位学者对农户经济行为进行研究，并形成“理性小农学派”和“自给小农学派”。之后美国加州大学的黄宗智教授综合上述两个学派的研究结果，提出“过密化”小农理论，对整个农户行为的研究建立起较完整的体系（汪磊，2010）。

以西奥多·舒尔茨为代表的“理性小农学派”认为小农符合经济学中“理性人”的假设，其要素配置可实现帕累托最优，是高效率的小农经济，像企业家一样都是“经济人”。小农是在权衡了风险和利益，并做出理性分析后，以追求利益最大化为目标而做出最优选择的人，是“理性的小农”。西奥多·舒尔茨认为，农民在权衡成本、收益和风险时是一个善于计算的经济主体，改造传统农业需要引进先进的生产技术，向小农提供现代生产要素。后来，波普金进一步发展了西奥多·舒尔茨的观点，认为农户是理性的，是有计划的组织生产，是家庭福利的最大化者。他们根据个人偏好和价值观来做出最大化期望效应的选择。他认为，小农农场同资本主义的“公司”类似，小农是一个在权衡各种风险和利益之后，为追求最大经济利益而做出合理选择的人，是具有理性的小农。

因此，以西奥多·舒尔茨和波普金为代表的形式经济学派的主要观点是，传统农业的生产率较低、投资收益很少，并不是农户的进取心缺乏以及市场经济的竞争力不足导致的，主要是因为传统边际投入的收益递减。所以，改造传统农业需要现代技术要素的投入，以此保证在现有价格水平上，农户在追求到利润最大化的情况下，能够获得更高的收益。

以苏联经济学家恰亚诺夫为主要代表的"自给小农学派"产生于 20 世纪 20 年代末，研究视角侧重于农业经济结构和家庭农场生产组织等问题，该学派的主要观点如下：农户经济行为与资本主义经济行为的逻辑不同，其主要目的不是追求利润最大化，而是满足家庭需要，追求的是生产上的低风险，类似于自给自足的自然经济，因此小农经济是保守的、非理性的低效率。该学派有"消费均衡"理论和"生物学规律"的家庭周期说理论基础。一方面，农户行为可以带来"收入正效应"，满足家庭消费；另一方面，农户行为获得每一个单位的收入，需要付出劳动，形成"劳动负效应"。农户在权衡收入正效应和劳动负效应之后，在两者达到均衡点时的投入量才为最佳。在此种情况下，小农的最优化选择取决于农户消费的边际效应是否等于休闲的边际效应。之后，Polanyi（1957）从哲学层面和制度维度来分析小农的行为，他认为在资本主义市场出现之前，经济行为植根于当时特定的社会关系之中，因此，农户行为经济的研究需要把经济过程看成社会制度的过程。美国经济学家 Scott（1976）在 20 年后进一步扩展了 Polanyi 的思想，认为农户在生存伦理下追求的不再是收入最大化，而是高生存保障和低风险分配。此学派坚守小农的生存逻辑，小农的经济行为遵循"生存法则"。

美国加州大学洛杉矶分校的黄宗智教授于 1985 年提出"拐杖逻辑"的小农命题，即农业家庭收入与非农佣工收入的加总为小农家庭的总收入，其中，农户的非农用工收入是农业家庭收入的拐杖，其核心是刻画小农经济的半无产化。此外，黄宗智教授视野中的小农经济的"过密化"旨在表明农户家庭不能从小农家庭农场解雇出多余的劳动力，多余的劳动力因继续附在小农经济之上，将影响农村经济的总体绩效。企业行为是追求利润最大化，消费者行为是追求效用最大化。他认为研究农户行为理论，必须将企业行为选择和消费者行为选择结合起来，他既不赞同西奥多·舒尔茨的"理性小农"的观点，也不赞同恰亚诺夫的"自给小农"的观点。黄宗智在对中国的小农经济进行大量调查研究的基础上，得出由于受到耕地规模的限制和家庭人口数的限制，农户并不是单纯地追求利益最大化，其在边际报酬极低的情况下仍然会继续劳动。他认为只有多样化，特别是工业化，才能有效促进农村经济发展，走出"过密化"陷阱，否则中国农业生产将处于"没有发展的增长"中。

第 2 章 农户生产投入选择行为及其收入效应研究

2003 年 12 月 31 日，中共中央国务院印发《关于促进农民增加收入若干政策的意见》，并配套出台了取消农业税、粮食直补、良种补贴和农机具购置补贴等多项惠农政策，实现粮食产量 11 连增，有效保障了国家粮食安全，并在一定程度上促进了农民增收。但是，农村居民收入水平仍然偏低，不但影响到农民生活质量和农产品的有效供给，而且制约了整个农村经济发展和社会稳定。为此，2010年以来我国政府把"三农"问题的重点转移到农民增收问题上来，2015 年发布的《中共中央 国务院关于加大改革创新力度 加快农业现代化建设的若干意见》指出"围绕促进农民增收，加大惠农政策力度"，并特别强调，"提高农业补贴政策效能"和"优先保证农业农村投入"。为实现这一发展战略目标，需要理清农业补贴、农业投入和农民增收三者之间的关系。影响农户生产投入选择行为的因素有哪些？提高农业补贴能否有效刺激农户增加投入，是否存在个体异质性效应？增加生产投入能否使农户从中更多地受益？这是本章试图回答的关键性问题。

现有关我国农业补贴政策的生产投入效应和收入效应的文献存在的问题包括：第一，很少有文献构建描述农业补贴、农业投入和农民增收三者关系的微观理论框架，不利于理清农业补贴在农户生产决策中的地位和作用机制。第二，由于农户是"自选择"增加生产投入，故在样本数据中观测到的不同类型农户是非随机产生的，这将导致样本"自选择"问题和模型估计结果偏误，而在大多数实证文献中并没有考虑这一问题。第三，还没有文献从个体异质性角度来分析哪些农户更倾向增加生产投入，以及农户能够从生产投入决策中具体受益多少。针对现有研究不足，本章基于农户行为理论和 CFPS 数据集，建立一个合理的反事实分析策略，研究农户生产投入选择行为及其收入效应。

2.1 节构建了分析农业补贴政策影响农户生产行为的理论框架；2.2 节从"理

性农民"经济假设出发,建立存在"自选择"问题情况下农户生产投入决策行为的实证研究策略;2.3 节给出修正收入方程与结构决策方程的估计结果,并分析农业补贴政策及其他特征变量对农民生产和农户收入的影响机制;2.4 节基于反事实分析方法评估农户增加生产投入的净收入效应;2.5 节给出本章小结。

2.1　农户模型与农业补贴政策影响路径分析

2.1.1　农户模型的发展历程

从农户模型的发展历程来看,可以将其分为两个阶段:第一阶段称为单一模型(unitary model)阶段,该模型假定农户家庭中的每个成员都具有同一个效用函数。第二阶段称为集体模型(collective model)阶段,该模型假定家庭成员各自具有不同的效用函数。

Becker(1965)在恰亚诺夫模型的基础上创建了新农户经济学模型。该模型认为农户家庭的效用函数相同,并阐述了农户的生产行为、劳动力供给决策及消费决策三者之间的相互关系。他认为农户的生产行为包括生产和消费两方面,农户在收入、生产函数和时间的约束下追求其效用最大化。

另外,Becker 认为,农户实际上可以先决定生产最优化,然后在保证收入最大化的前提下再决定消费最优化,农户可以把生产决策和消费决策分开,即可分性。此后日本经济学家 Nakajima 进一步发展了该模型,他将农户分为三类:纯消费户、纯劳动力户及混合户,并详细分析了三类农户之间的联系与区别(陈午和,2004)。Barnum 和 Squire(1979)给出了一个既有生产者又有消费者的完整农户模型。Pit 和 Rosenzweig 在农户模型分析中引入价格、健康和农户利润关系函数——健康生产函数,进一步扩展了农户模型(张永丽和章忠明,2010)。

在此期间也出现了不可分性模型,即农户模型中生产决策与消费决策必须同时考虑,不能分割。Iqbal(1986)在农户决策模型中引入了借贷、储蓄和投资等变量,在构建农户模型时考虑了两个生产周期,使农户模型由静态变为动态。同时,他认为生产决策影响消费决策,反过来消费决策也将影响生产决策,将消费和生产综合起来考虑,因此他的农户模型是不可分的。

虽然单一模型是分析农户决策的基本理论,曾得到学术界的认可,但是 20 世纪 80 年代以后,农户家庭具有共同效用函数的假定不断受到学者的质疑。后来,随着博弈论的发展并逐步渗透到经济学理论中,越来越多的经济学家将该理论与经济现象联系起来,得出了农户家庭成员具有不同效用函数的结论,农户模型的发展进入第二阶段，即家庭成员各自具有不同效用函数的集体模型。假定农户家庭是由不同的个体经济行为主体构成的，应关注各个家庭成员的不同偏好，在不同偏好的假设下，家庭成员进行内部资源配置达到帕累托最优。

2.1.2　农业补贴政策影响农户生产投入行为的路径分析

根据舒尔茨（2006）提出的"理性农民"经济假设，农户的生产目标是追求利润最大化，并依此进行生产投入决策。当不存在农业补贴时，农户生产决策模型为 $\max_K \pi = pf(K) - rK$，π 为农户的净收入，$f(\bullet)$ 为生产函数，K 为要素投入，p 为产品价格，$pf(K)$ 为总收入，r 为要素价格，rK 为生产总成本。农户的最优生产投入量 K^* 由边际生产条件 $pf'(K^*) = r$ 决定。图 2-1 描述了不同情况下农户最优生产投入量的形成机制。图 2-1 的横轴表示生产投入量，纵轴表示收入和成本，当不存在农业补贴时成本函数和收入函数分别由曲线 rK 和 $pf(K)$ 表示。当边际收入等于边际成本时，农户实现其利润最大化，此时，成本函数的平行线 m 与收入函数相切于 A 点，与之相对应的最优生产投入量为 K^*，净收益为 π^*。农业补贴通过影响农户生产决策模型中的参数值来改变最优生产投入量 K^*，但不同类型的农业补贴政策对农户生产投入选择行为具有不同的影响路径。

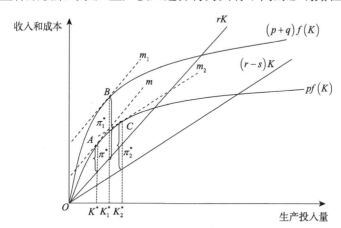

图 2-1　农业补贴对农户生产投入选择的影响路径

情况一：与生产脱钩的补贴政策只影响收入水平，不影响生产投入量。

当政府实施脱钩性的农业补贴政策时，如取消农业税或以家庭拥有耕地面积为标准的粮食直补政策，这类补贴使每个农户增加固定的收入。假设由政府决定的一揽子收入补贴额为 S，农户此时的生产决策模型可表示为 $\max_K \pi = pf(K) -$

$rK+S$，实现净收益最大化的条件仍为 $pf'(K^*)=r$，农户的收入函数和成本函数不变，最优生产投入量仍为 K^*，净收益为 π^*+S。与生产脱钩的补贴政策不会影响农户的生产积极性，只增加了农户的转移性收入。

情况二：与产量挂钩的补贴政策通过扩展收入曲线，进而增加生产投入量。

当政府实施与产量挂钩的补贴政策时，如最低收购价政策或以实际产量为标准的粮补政策，有助于扩展农户的收入曲线，进而激励农户增加生产投入量。假设政府对产量的补贴率为 q，农户的生产决策模型可表示为 $\max_K \pi = (p+q)f(K)-rK$，该项补贴相当于将农产品价格由 p 上调为 $p+q$，则农户的收入函数将由 $pf(K)$ 移动到 $(p+q)f(K)$，成本函数 rK 的平行线 m_1 与收入函数 $(p+q)f(K)$ 相切于 B 点，农户的最优生产投入量扩大为 K_1^*，净收益为 π_1^*。

情况三：与生产投入挂钩的补贴政策通过内移成本曲线来增加生产投入量。

当政府实施与生产投入挂钩的补贴政策时，如良种补贴和农机具购置补贴，有助于向内移动农户的成本曲线，进而激励农户增加生产投入量。假设政府对生产投入的补贴率为 s，农户的生产决策模型可表示为 $\max_K \pi = pf(K)-(r-s)K$，该项补贴相当于将生产要素价格由 r 下调为 $r-s$，则农户的成本函数将由 rK 移动到 $(r-s)K$，成本函数 $(r-s)K$ 的平行线 m_2 与收入函数 $pf(K)$ 相切于 C 点，农户的最优生产投入量扩大为 K_2^*，净收益为 π_2^*。

2.2　农户生产投入决策行为的实证研究策略

农户生产投入决策实质上是农户根据自身特征、经济环境及对未来收入预期做出的生产资源再配置过程。从"理性农民"经济假设出发，只有当新增生产投入所带来的预期收益增量大于投入成本时，农户才会选择增加生产投入；否则，农户将保持生产规模不变甚至减少生产投入。

2.2.1　农户生产投入决策模型

根据 Becerril 和 Abdulai（2010）、Ali 和 Abdulai（2010）给出的随机效用决策模型，假设农户增加生产投入后，收益增量的正效用以 U_1 表示，成本增量的负效用以 $1-U_2$ 表示，则增加生产投入的总效用可表示为 $T^* = U_1 - U_2$。只有当 $T^* > 0$ 时，农户才会选择增加投入。尽管总效用 T^* 是不可观测的，但可以将其表示为收益增量和成本增量的函数。定义农户生产投入决策方程为

$$T_i^* = g\left(\left[\ln y_{ri} - \ln y_{ui}\right], B_i\right) + u_i, \quad T_i = \begin{cases} 1 & T_i^* > 0 \\ 0 & T_i^* \leqslant 0 \end{cases} \tag{2-1}$$

其中，i 为农户样本；T_i 为两值变量，若农户增加生产投入（$T_i^* > 0$），则有 $T_i = 1$，否则 T_i 等于 0；变量 $\ln y_{ri}$ 和 $\ln y_{ui}$ 分别为农户 i 在增加和不增加生产投入情况下的家庭收入对数，显然两个变量必有一项是不可观测的[①]，我们用差值 $\ln y_{ri} - \ln y_{ui}$ 表示农户增加生产投入所带来的预期收益增量；u_i 为扰动项；B_i 为农户增加生产投入产生的成本增量，既包括可观测的资本要素成本，又包括不可观测的劳动要素的机会成本。因此，变量 B_i 也是不可观测的，但能够用可观测变量的函数将其表示出来。假设 B_i 受到家庭特征向量 X_i 和经济环境向量 Z_i 的影响，定义农户生产投入的成本函数为

$$B_i = h(X_i, Z_i) + v_i \tag{2-2}$$

其中，v_i 为随机扰动项。进一步假设函数 $g(\bullet)$ 和 $h(\bullet)$ 为线性形式，并将式（2-2）代入式（2-1），整理可得农户生产投入决策方程的结构式为

$$T_i^* = \alpha_0 + \alpha_1\left[\ln y_{ri} - \ln y_{ui}\right] + \alpha_3' X_i + \alpha_4' Z_i + \varepsilon_i \tag{2-3}$$

此外，由于预期收益增量 $\ln y_{ri} - \ln y_{ui}$ 是不可观测的，还需要定义农户 i 的收入方程，并利用收入方程的拟合值完成对式（2-3）中参数的估计。为实现这一目标，本章定义增加生产投入农户（简称增投农户，用下标 r 来标识）和不增加生产投入农户（简称非增投农户，用下标 u 来标识）的收入方程分别为

$$\ln y_{ri} = \varphi_{r0} + \varphi_{r1}' X_{ri}^* + \varphi_{r2}' Z_{ri}^* + \varepsilon_{ri} \tag{2-4}$$

$$\ln y_{ui} = \varphi_{u0} + \varphi_{u1}' X_{ui}^* + \varphi_{u2}' Z_{ui}^* + \varepsilon_{ui} \tag{2-5}$$

其中，X_i^* 和 Z_i^* 为农户 i 所对应的家庭特征向量和经济环境向量，且允许向量 X_i^* 和 X_i 中所包含的变量不完全相同。同样，向量 Z_i^* 和 Z_i 中所包含的变量也不完全相同。ε_{ri} 和 ε_{ui} 为服从正态分布的随机扰动项。

若农户的生产投入行为是随机的，则直接使用 OLS 可获得在式（2-4）和式（2-5）中参数 ϕ 的无偏估计量。然而，农户自己决定（自选择）是否增加生产投入，因此，生产投入决策可能会受到某些不可观测因素（生产偏好、管理技能或进取精神等）影响，而这些因素又与农户收入相关，如高收入家庭增加生产投入的能力（或意愿）更强。在此情况下，不考虑"自选择"问题直接估计收入方程将导致参数 ϕ 的估计结果是有偏的，同时也是非一致的。

---

① 对于样本农户 i，若其在生产过程中增加了要素投入量，则可以观测到 $\ln y_{ri}$，但无法观测到 $\ln y_{ui}$；若其没有增加要素投入量，则可以观测到 $\ln y_{ui}$，但无法观测到 $\ln y_{ri}$。

为了进一步说明"自选择"问题对收入方程估计结果的影响，将式（2-4）和式（2-5）代入式（2-3）中，可以得农户生产投入决策方程的简化式：

$$T_i^* = \beta_0 + \beta_1'\tilde{X}_i + \beta_2'\tilde{Z}_i + \varepsilon_i^* \tag{2-6}$$

其中，向量 $\tilde{X}_i$ 和 $\tilde{Z}_i$ 包含了式（2-3）、式（2-4）和式（2-5）中的所有外生解释变量，此时可以证明收入方程中的随机误差项的条件期望不为 0，且随个体的不同而变化[①]：

$$E\left(\varepsilon_{ri}|T_i=1\right) = \sigma_{r\varepsilon*}\left[\frac{f(\varphi_i)}{F(\varphi_i)}\right], \ E\left(\varepsilon_{ui}|T_i=0\right) = \sigma_{u\varepsilon*}\left[\frac{-f(\varphi_i)}{1-F(\varphi_i)}\right] \tag{2-7}$$

其中，φ_i 由式（2-8）定义：

$$\varphi_i = \beta_0 + \beta_1'\tilde{X}_i + \beta_2'\tilde{Z}_i \tag{2-8}$$

在式（2-7）中，$\sigma_{r\varepsilon*}$ 代表随机误差项 ε^* 与 ε_r 的相关系数；$\sigma_{u\varepsilon*}$ 代表随机误差项 ε^* 与 ε_u 的相关系数；$f(\bullet)$ 和 $F(\bullet)$ 分别代表标准正态分布的密度函数和分布函数。式（2-7）表明收入方程中的随机扰动项的条件期望不等于 0，将其称为选择性偏误项，是农户对于是否增加生产投入决策而产生的自主选择行为导致的，且式（2-7）称为选择性偏误项。

2.2.2　决策模型的估计过程

为了解决由"自选择"导致的模型估计结果的选择性偏误，本节采用 Heckman 两阶段方法估计农户生产投入决策模型，估计过程如下：

第一步，估计简约的农户生产投入决策式（2-6）从而得到式（2-8）的拟合值 $\hat{\varphi}_i$，并计算以下的结构变量：

$$\lambda_{ri}(\varphi_i) = f(\varphi_i)/F(\varphi_i), \ \lambda_{ui}(\varphi_i) = f(\varphi_i)/\left[1-F(\varphi_i)\right] \tag{2-9}$$

然后将式（2-9）所定义的结构变量（选择性偏误项）分别代入收入方程式（2-4）和式（2-5）中，得到修正的收入方程：

$$\ln y_{ri} = \varphi_{r0} + \varphi_{r1}'X_{ri}^* + \varphi_{r2}'Z_{ri}^* + \sigma_{r\varepsilon*}\lambda_{ri}(\varphi_i) + \eta_{ri} \tag{2-10}$$

$$\ln y_{ui} = \varphi_{u0} + \varphi_{u1}'X_{ui}^* + \varphi_{u2}'Z_{ui}^* + \sigma_{u\varepsilon*}\lambda_{ui}(\varphi_i) + \eta_{ui} \tag{2-11}$$

分别使用增投农户和非增投农户的数据估计修正收入式（2-10）和式（2-11），所得参数的估计值是一致估计量。进一步，利用所估计的方程获得全体样本的收

---

① 根据正态分布的截断模型的条件期望计算得到，计算过程参见格林. 计量经济分析（下册）. 北京：中国人民大学出版社，2007。

入预测值。

　　第二步，利用所估计的收入预测值计算预期收益增量 $\ln y_{ri} - \ln y_{ui}$，估计结构决策式（2-3）进而得到预期收益增量对农户生产投入决策的影响。

　　在估计模型的第一步，要求修正收入式（2-10）和式（2-11）的解释向量（X_i^*, Z_i^*）包含结构决策式（2-3）的解释向量（X_i, Z_i），且至少要有一个变量不在向量（X_i, Z_i）中，这样才能够保证当存在选择性偏误时得到收入方程参数的一致估计量（靳云汇等，2011）。否则，结构变量 $\lambda_{ri}(\varphi_i)$ 和 $\lambda_{ui}(\varphi_i)$ 可能与向量（X_i^*, Z_i^*）中的变量高度相关。考虑到度量教育水平对生产投入的效用增量 T_i^* 的直接贡献是非常困难的，而教育水平的差异却可以直接影响农户收入，鉴于此，本章假设教育水平变量通过预期收入差距来间接影响农户生产决策，并在结构决策式（2-3）中包含除教育外的其他外生变量。

2.3　修正收入方程与结构决策方程的估计结果

　　在本节中所使用的农村住户调查数据来源于 CFPS[①]数据集。CFPS 是由北京大学中国社会科学调查中心（Insititute of Social Science Survey Peking University, ISSS）主持实施的全国性社会跟踪调查项目，调查数据涵盖了个人、家庭和社区三个层次。其中，个人调查包括被调查者的基本特征、工资状况、健康状况等；家庭调查包括家庭人口特征、收支状况、家庭环境和财产等；社区调查包括社区设施、社区服务和社区机构等。在 2010 年和 2012 年，ISSS 对我国 25 个省（区、市）展开调查，调查样本规模分别为 16 000 户和 13 231 户，重点关注我国居民的经济活动、经济与非经济福利、教育情况、家庭关系、人口迁移和健康水平等诸多问题。

　　本节研究主要使用 CFPS 数据库中 2010 年和 2012 年追踪调查的家庭经济库和成人库中的样本数据，首先在家庭经济库中选择两年均被调查、居住类型为"乡村"且从事农业生产活动的家庭数据，剔除掉直辖市和缺失观测值的样本，最终选择 5 061 户家庭。其次，在成人库中提取与 5 061 户家庭相匹配的户主信息。此外，本节通过将 2010 年和 2012 年家庭的农业生产成本进行比较，将生产成本（剔除物价水平影响）增加 1/3 以上的家庭定义为增投农户，进而将样本分为两组，其中，增加生产投入的样本家庭数为 2 334 户，不增加生产投入的样本家庭数为 2 727 户。表 2-1 给出了 2012 年两组子样本农户的经济特征指标及其差异的

---

　　① 资料来源：http://www.iss.pku.edu.cn/cfps。

统计描述。

表 2-1   2012 年两组子样本农户的经济特征指标及其差异的统计描述

指标名称	增投农户（A）	非增投农户（B）	差值（A−B）
家庭纯收入/元	39 239.0	35 791.0	3 448.0***
户主年龄/岁	48.81	50.29	−1.48***
户主教育虚拟变量 职高、中专=1；其他=0	0.04	0.03	0.01***
家庭农业劳动力/人	2.13	1.57	0.56***
家庭耕地面积增量/亩	2.16	0.21	1.95***
家庭农用机械价值/元	2 081.3	1 372.0	709.3***
家庭借贷总额/元	13 112.0	9 105.9	4 006.1***
家庭农业补贴额/元	665.4	309.7	355.7***

***表示在 1%水平上显著

表 2-1 的统计结果显示，两组子样本农户的各经济特征指标存在显著差异。第一，增投农户的家庭纯收入要显著高于非增投农户，平均增量约为 3 448.0 元。第二，增投农户的户主年龄要显著低于非增投农户，而户主教育虚拟变量值要显著高于非增投农户。第三，增投农户家庭的其他各类经济指标也显著区别于非增投农户。上述特征指标的统计差异性有助于我们确定农户生产投入决策的影响因素。

依据 Heckman 两阶段方法的估计过程，首先，本章基于增投农户和非增投农户两组子样本估计式（2-6）所定义的生产投入决策方程的简化式[①]，从而获得 φ_i 的拟合值 $\hat{\varphi}_i$，并计算选择性偏误项 $\lambda_{ri}(\varphi_i)$ 和 $\lambda_{ui}(\varphi_i)$。其次，估计修正收入方程并获得式（2-9）参数的一致估计量，计算农户新增投入的预期收益增量 $\ln y_{ri}-\ln y_{ui}$ 的拟合值。最后，估计式（2-3）所示的结构决策方程。其中，增投农户和非增投农户的修正收入方程的估计结果分别由表2-2的第2列和第3列给出，结构决策方程的估计结果由表2-2的第4列给出。

表 2-2   修正收入方程与结构决策方程估计结果

变量名称	修正收入方程		结构决策方程
	增投农户	非增投农户	系数估计值
预期收入差距	—	—	3.206***
家庭农业补贴额对数	0.067***	0.110***	0.237***
家庭借贷总额对数	0.017***	0.022***	0.049***

① 估计决策方程简化式的目的是计算选择性偏误项，由于决策方程简化式的系数不具备直观的经济含义，考虑到篇幅限制，本章中没有报告相应的估计结果。

续表

变量名称	修正收入方程		结构决策方程
	增投农户	非增投农户	系数估计值
家庭耕地面积增量	0.004***	−0.008***	0.011***
家庭农用机械价值对数	0.007**	0.010***	0.061***
家庭农业劳动力数量	—	—	0.827***
户主年龄	0.069***	0.057***	0.062***
户主年龄平方	−0.001***	−0.001***	−0.001***
户主教育虚拟变量	0.704***	0.542***	—
选择性偏误项 λ_i（φ_i）	−0.442***	−1.192***	—
农产品生产价格指数	—	—	−0.129***
省份虚拟变量	—	—	0.052
常数项	8.396***	7.515***	−1.951***
F 统计量（LR 检验统计量）	162.6 [0.000]	471.5[0.000]	617.15 [0.000]
Pseudo R^2	0.357	0.580	0.124
样本数	2 334	2 727	5 061

、*分别表示在 5%、1%水平上显著

注：①在修正收入方程中的被解释变量为农户家庭收入的对数，在结构决策方程中的被解释变量为农户是否增加生产投入的两值变量，模型形式为 Probit 模型；②"—"表示方程中不包括该变量；③修正收入方程检验报告的是 F 统计量和 Pseudo R^2，结构决策方程检验报告的是 LR 检验统计量和 Pseudo R^2；④方括号中的数值为检验统计量对应的 p 值

1. 农业补贴政策的增投效应和收入效应分析

表 2-2 中结构决策方程的估计结果显示，家庭农业补贴额对数变量的系数（0.237）显著为正，表明增加农业补贴能够提高农户的生产积极性，对农户增加物质资本投入和生产规模具有显著的激励作用（吴连翠，2011）。2004 年以来，随着国家对"三农"问题的重视，陆续出台多项惠农政策，初步形成收入性补贴、生产性补贴和最低收购价补贴相结合的综合农业补贴体系，且补贴力度不断加大，补贴领域和范围不断拓宽，给予农民很大信心，对农户生产决策具有积极影响。一方面，农业补贴通过增加农户的收入水平（见第 2 列和第 3 列的估计结果）来调动农户的生产积极性。农户的农业收入越高，种粮热情也相应越高，越有动力继续扩大规模和增加投入（童毅，2014）。另一方面，农业补贴政策通过降低农户的生产成本来提高农户的生产积极性，如农资综合补贴、良种补贴和农机具购置补贴等。此外，农资价格上涨幅度过快对农户生产投入选择具有不利影响，表 2-2 显示农产品生产价格指数的影响系数为−0.129，且在 1%水平上统计显著。农业补贴可以弥补农资价格上涨所导致的成本上升，部分抵消了农资价格上涨对农户生产的不利影响。

修正收入方程的估计结果显示，农业补贴对两组子样本农户的家庭收入增长均具有显著的正向效应，且对非增投农户的增收效果更强（弹性系数为0.110）。本章认为导致这一结果的最主要原因是，我国农业劳动生产率要远低于非农部门的劳动生产率。通常来说，非增投农户会更多从事兼业活动，他们在享受农业补贴的同时，将大部分时间和精力投入非农活动中，进而从补贴中更多地受益。因此，政府在实施农业补贴政策时，既要考虑农业补贴的方式和补贴额度，还要考虑如何提高农业部门的劳动生产率，为农业生产和农户收入提高创造良好的外部环境（肖琴，2011）。

2. 金融借贷对农户生产的影响效应分析

表 2-2 中结构决策方程的参数估计结果显示，金融借贷对农户增投决策具有显著的正向影响。农业生产具有长周期和高风险特征，农户资金周转缓慢且容易受到自然灾害、市场冲击等诸多不可控因素的影响，因此，农业生产在很大程度上依赖于金融借贷。农户投入与农户可获得的借贷有着很强的依赖关系，近年来，在农户生产投资中大约三分之一的资金来源于借贷（郭敏和屈艳芳，2002）。由此可见，完善农村金融市场、激活农户金融资产，对提高农户的生产积极性具有重要作用。

修正收入方程的估计结果显示，家庭借贷总额对数变量对两组子样本农户的家庭收入增长均具有显著的正向效应。这是因为，适量的负债不但为农户提供了维持或扩大生产的机会，而且平滑了农户的家庭消费曲线，是保障农民生活稳定的必要条件。金融借贷能够增加农户的纯收入，并进而改善农户的福利状况（李锐和李宁辉，2004）。由于我国农村金融市场起步较晚，农户从正规金融渠道中获得贷款的门槛较高，多数生产性资金仍来源于民间借贷，缺乏规范的管理手段，故农户借贷对家庭收入的影响系数相对较小，其中，增投农户的金融借贷的收入弹性为0.017，而非增投农户的金融借贷的收入弹性为0.022。

3. 农业劳动力、耕地面积与农用机械价值的影响效应分析

农业劳动力、耕地面积与农用机械价值是农业生产过程中最主要的三种投入要素，拥有这三种投入要素的数量越多，表明在家庭生产活动中农业的地位越为重要，因此，农户越倾向增加投入。表 2-2 中的估计结果支持这一分析，三个变量对农户增投决策均具有显著正向影响。需要注意的是，在三种投入要素中，家庭农业劳动力数量对农户增投决策的影响作用最强（系数值为 0.827）。这是因为，随着可供农民选择的生产方式（农业生产和非农生产）的多样化和灵活性，家庭资源配置越来越倾向以劳动力为中心，即提升每个个体的福利是家庭生产决策的最重要参考依据。

家庭耕地面积增量对增投农户的家庭收入具有显著正向影响，但对非增投农户的家庭收入具有负向影响。通常来说，增加生产投入农户的主营业务是农业，很少或者不从事非农生产活动，因此，耕地面积增加只会对这类农户产生正向的要素投入效应而不会产生负向的要素替代效应。此外，耕地面积增加还有利于形成规模经济、促进技术进步及提高技术效率，从而有利于农民增收。非增投农户的家庭收入只有较少部分来源于农业产出，实际上，许多此类农户的农产品仅仅是满足家庭消费的需要，更多是来源于外出务工或经商的收入，因此扩大耕地面积必将会造成农业劳动时间对非农劳动时间的替代，减少其家庭总收入。

家庭农用机械价值对数变量对两组样本农户的家庭收入具有正向效应但效果较弱，增投农户和非增投农户的农用机械价值每增加 1%，分别导致其家庭收入增长 0.007%或 0.010%。目前，我国农村家庭经营规模普遍较小，家庭单元不宜拥有过多的农用机械资本，表 2-1 中数据支持这一结论，两类农户的家庭农用机械价值的均值分别仅为 2 081.3 元和 1 372.0 元。通常来说，多数家庭在耕种过程中采用租赁方式使用大型农用机械，家庭自有的小型农用机械对其收入的影响作用有限，只有少数拥有大型农用机械的家庭能够通过对外出租方式，来增加机械资本的要素回报。

4. 职业教育培训对农户增收具有重要促进作用

近年来，随着我国农业部门劳动力大规模向城镇和非农部门转移，以及农村耕地流转市场的不断完善，农业生产规模开始逐步扩大。在从传统农业向现代农业过渡的过程中，人力资本的地位越发重要，已成为农业生产和农民增收的决定力量。实证研究表明，教育回报率的大幅提升是导致农村家庭收入增加的最主要原因，1991~2000 年，约有 41.8%的农村家庭收入增长能够被教育因素所解释，2000~2009年，教育回报率虽有所下降，但仍能够解释农户收入增长的18.6%（陈飞和卢建词，2014）。表 2-2 显示，接受职业教育培训对两组子样本农户的收入增长均具有显著的正向影响，且作用效果非常明显。其中，教育培训能够拉动增投农户的收入增长 70.4%，拉动非增投农户的收入增长 54.2%。

5. 预期收入差距是影响农户增投决策的首要因素

表 2-2 中结构决策方程显示，预期收入差距估计参数的符号显著为正，且在所有对农户增投概率具有影响的因素中，该变量的影响力度最大。在"理性农民"的经济假设下，收益最大化是农民生产的首要目标，因此，农户在进行生产决策之前，会依据自身条件和外部经济环境预测不同生产行为的未来收益，并以此为依据选择能够为其带来最大收益的生产行为方式。影响农户对未来收入预期的因素很多，但农业补贴政策是与农民收入最直接相关的，且最能够引导农民形

成稳定预期的关键因素，因此，政府如何有效调整农业补贴政策的结构和规模，对促进我国农业生产的供给侧结构性改革和增加农户收入具有重要现实意义。

2.4　农户生产投入决策的收入效应分析

2.4.1　农户生产决策的"自选择"效应

由于农户生产决策的"自选择"行为，故存在不可观测变量对其家庭收入产生影响，为剔除这一影响，本章在修正收入式（2-10）和式（2-11）中分别加入了选择性偏误项 $\sigma_{r\varepsilon}\cdot\lambda_{ri}(\varphi_i)$ 和 $\sigma_{u\varepsilon}\cdot\lambda_{ui}(\varphi_i)$，来修正模型的参数估计偏误。如果系数 $\sigma_{r\varepsilon}$ 和 $\sigma_{u\varepsilon}$ 的估计值统计显著，则表明"自选择"行为对两组子样本农户的家庭收入具有显著影响。

为进一步解释选择性偏误项的经济含义，本章假设每个农户均具有从事农业生产和非农生产所需的技能，统称为农户的创收能力，则式（2-10）和式（2-11）分别代表全样本中增投农户和非增投农户的创收能力，用 E_1 和 E_2 表示；两方程右端的前三项之和则分别代表在样本随机分配（不存在"自选择"）情况下，增投和非增投生产方式所要求的平均创收能力，分别用 H_1 和 H_2 表示。

由式（2-9）可知，$\lambda_{ri}(\varphi_i)>0$ 和 $\lambda_{ui}(\varphi_i)<0$ 恒成立。本章依据 Roy（1951）给出的横截条件 $\sigma_{r\varepsilon}\cdot-\sigma_{u\varepsilon}\cdot>0$ 将参数 $\sigma_{r\varepsilon}$ 和 $\sigma_{u\varepsilon}$ 的符号区分为三种情况，讨论农户生产决策的"自选择"效应：①当 $\sigma_{r\varepsilon}>0$ 和 $\sigma_{u\varepsilon}<0$ 时，意味着增投农户的创收能力 E_1 高于增投生产方式所要求的平均创收能力 H_1，非增投农户的创收能力 E_2 也要高于非增投生产方式所要求的平均创收能力 H_2，增投农户和非增投农户都是正向选择的，即选择他们能够发挥比较优势的方式进行生产。②当 $\sigma_{r\varepsilon}>0$ 和 $\sigma_{u\varepsilon}>0$ 时，则有 $E_1>H_1$，表明增投农户是正向选择的；$E_2<H_2$，表明非增投农户是反向选择的，即高能力者选择增投生产方式，而低能力者倾向选择非增投生产方式。③当 $\sigma_{r\varepsilon}<0$ 和 $\sigma_{u\varepsilon}<0$ 时，则有 $E_1<H_1$，表明增投农户是反向选择的；$E_2>H_2$，表明非增投农户是正向选择的。此种情况说明低能力者选择增投生产方式，而高能力者选择非增投生产方式。

表2-2中修正收入方程的结果显示，参数 $\sigma_{r\varepsilon}$ 和 $\sigma_{u\varepsilon}$ 的估计值分别为-0.442和-1.192，且在1%的水平上显著，表明存在选择性偏误，且属于"自选择"效应的第三种情况。本章认为，这一结论与我国农村的经济现实相符。农村中能力较强的劳动力为改善自身的生活状况选择进城务工，但又无法放弃在农村的土地要

素，最终形成农业生产与非农生产相结合的兼业生产方式，这也是兼业农民不选择增加生产投入的一个主要原因，但兼业生产不利于农户的物资资本和人力资本积累。一方面，由于兼业农户不再以农业为主营业务，他们缺少对农业投资的积极性，甚至导致土地的粗放经营。另一方面，由于兼业农民在农忙季节返乡会扰乱正常的工作状态，使他们正常的人力资本积累中断，丧失许多加薪或升职的机会（陈飞和翟伟娟，2015）。兼业农户只能从事在时间上更为灵活且收入较低的工作，如手工业、建筑业和采掘业等。尽管兼业农户在最初能够获得较高的非农生产比较收益，但由于资本积累中断和生产效率损失，故其收入水平不断下降。表 2-1 的统计结果显示，增投农户的家庭纯收入要显著高于非增投农户（兼业农户）的家庭纯收入。

2.4.2　反事实分析与农户增加生产投入的净收入效应评价

Rubin（1973）定义的反事实研究框架，提出了一种准确评价农户增加生产投入的净收入效应的研究思路，定义观测样本的平均处理效应为

$$\text{ATE} = E\left(y_i \middle| T_i = 1\right) - E\left(y_i \middle| T_i = 0\right) \tag{2-12}$$

其中，$T_i = 1$ 表示农户增加生产投入，$T_i = 0$ 表示农户不增加生产投入；$E\left(y_i \middle| T_i = 1\right)$ 表示农户 i 在增投生产方式下的平均收入水平，$E\left(y_i \middle| T_i = 0\right)$ 表示农户 i 在非增投生产方式下的平均收入水平，两者的差值为农户增加生产投入的净收入效应。对于特定的农户 i，我们只能观测到其在一种生产方式下的收入水平，因此，$E\left(y_i \middle| T_i = 1\right)$ 和 $E\left(y_i \middle| T_i = 0\right)$ 必有一项是不可观测的，称为反事实结果。

为计算增加投入的平均处理效应，需要对反事实结果进行模拟。本节首先利用决策方程的简化式（2-5）的估计结果、式（2-8）以及修正收入式（2-10）和式（2-11）的估计结果，计算每个农户在增投生产方式和非增投生产方式下的家庭纯收入的拟合值。其次区分全部农户、增投农户和非增投农户样本三种情况，计算 $E\left(y_i \middle| T_i = 1\right)$、$E\left(y_i \middle| T_i = 0\right)$ 和 ATE 值，计算结果由表 2-3 给出。

表 2-3　农户家庭纯收入的反事实测算结果及增加生产投入的净收入效应

指标名称	样本数/个	$E\left(y_i\middle|T_i=1\right)$/元	$E\left(y_i\middle|T_i=0\right)$/元	ATE 值/元
全部农户样本	5 061	42 599.8	33 982.3	8 617.5***
增投农户样本	2 334	39 239.0	32 695.2	6 543.8***
非增投农户样本	2 727	47 032.1	35 791.0	11 241.1***

***表示在 1%水平上显著

表 2-3 的第二行结果显示，当所有农户均增加生产投入时，家庭纯收入的平均值为 42 599.8 元，当所有农户均不增加生产投入时，家庭纯收入的平均值为 33 982.3 元，ATE 值为 8 617.5 元。ATE 值远高于表 2-1 中增投农户和非增投农户的收入差值（3 448.0 元），表明选择性偏误会导致对增投决策的收入效应的严重低估。

此外，表 2-3 中的第三行和第四行结果显示，增投农户和非增投农户的 ATE 值均显著为正，且非增投农户的 ATE 值（11 241.1 元）要远高于增投农户的 ATE 值（6 543.8 元），表明从人力资本的角度来看，非增投农户具有更强的创收能力。对两组子样本农户在相同生产方式下的收入均值进行纵向比较可以得到类似的结论，无论是在增投生产方式下还是在非增投生产方式下，非增投农户的收入均值均要显著高于增投农户的收入均值。可见，如果政府能够调整农业财政补贴的结构和规模，并与农业金融贷款政策相结合，提升农民务农的积极性和比较收益，不但有利于提升农户收益，而且能够吸引高人力资本的农民专心从事农业生产，有利于促进农业技术进步和提升农产品产量。

2.5　本 章 小 结

为理清农业补贴、农业投入和农民增收三者之间的关系，本章基于农户行为视角评估农业补贴政策的实施绩效。首先，从"理性农民"经济假设出发，利用生产函数和成本函数分析农业补贴政策影响农户增加生产投入的一般路径。其次，基于随机效应决策模型构建解释农户生产投入行为的结构决策模型，为解决模型中由"自选择"引起的内生性问题，本章采用 Heckman 两步法估计修正收入方程和结构决策方程，保证获得模型参数的一致估计量。基于2012年CFPS数据的实证结果显示，预期收入差距、农业补贴和劳动力数量是影响农户选择增加生产投入行为的最重要因素；而农业补贴和户主教育培训是促进家庭增收的关键变量。最后，利用反事实分析方法评估农户增加生产投入的净收入效应。研究发现，农户的生产投入决策存在"自选择"效应，且表现为低创收能力农户选择增加生产投入，而高创收能力农户选择不增加生产投入，这导致增投生产方式的收入效应被严重低估。此外，异质性分析显示非增投农户的平均处理效应（11 241.1 元）要远高于增投农户的平均处理效应（6 543.8 元），表明现阶段较大规模的农业生产更有利于农民增收。

结合本章的实证研究结论，给出如下政策建议：①进一步完善补贴与农产品生产挂钩机制，加大良种补贴、农机具购置补贴等生产性专项补贴力度，提升农业补贴效率；②加快农村教育体制改革，大力发展职业教育，提升农民的农业技能水平和创收能力；③改善制约农村金融市场发展的不利因素，提升农户信贷的可获得性，为农户扩大农业生产投入提供资金支持。

第3章 农户行为视角下农地流转诱因及其福利效应研究

　　20 世纪 90 年代以来，随着城镇化、工业化进程加快以及服务业的快速发展，农业部门劳动力开始大规模向城镇和非农部门转移。大量劳动力从农村迁移出去后，减缓了我国农业生产"人多地少"的矛盾，同时也引发了对土地资源重新配置的需求。一方面从事非农生产活动的农户没有时间耕种自己承包的土地，另一方面农业生产效率高且想扩大生产规模的农户却得不到土地，在中国农村地区一度出现稀缺土地资源的粗放式经营，甚至"抛荒"现象。以分散经营为主要特点的家庭联产承包责任制，已经无法适应以市场化、规模化、信息化为特征的现代农业发展要求。重新配置土地以解决日益凸显出来的农业效率与农民福利损失问题，已得到我国政府的高度重视。2013 年中央一号文件指出，坚持依法自愿有偿原则，引导农村土地承包经营权有序流转，鼓励和支持承包土地向专业大户、家庭农场、农民合作社流转，发展多种形式的适度规模经营。2014 年审议通过的《关于引导农村土地经营权有序流转发展农业适度规模经营的意见》进一步强调，坚持农村土地集体所有，实现所有权、承包权、经营权三权分置，引导土地经营权有序流转。

　　由于存在信息不对称、道德风险和信贷配给等问题，故依靠村干部，采用行政手段来重新调整和配置土地资源的效果不但不显著，而且衍生了其他问题（李庆海等，2011）。在行政手段无法奏效的情况下，理性农户选择土地流转方式来分配农村土地要素。20 世纪 90 年代初，我国农村土地流转发生率极低，根据农业部对 1992 年农用地转包的抽样调查，全国有 473 万个承包户转包，转让土地 1 164 万亩，分别占承包土地总户数的 2.3% 和承包地总面积的 2.9%。2001 年，全国以各种形式流转承包经营权的土地占承包土地总面积的 6%~8%（张谋贵，2003）。截至 2013 年底，全国耕地流转面积为 3.4 亿亩，流转比例达到 26%，分别比 2008 年提高 2.1 倍和 17.1 个百分点（陈飞和翟伟娟，2015）。与其他国家相比较，仍处于相对较低水平。根据 Otsuka（2007）的测算，对于 20 世纪末期的国家，乌拉圭的农地流转率为 41%、菲律宾为 51%、孟加拉国为 42%。工业化国家和非洲国家的农地流转率也非常高，1992 年美国的农地流转率为 43%，1999 年乌干达的农地流转率为 36%（Deininger，2003）。结合我国农地流转的演变历程及国际比较可见，尽管当前农村土地流转发生率已有所提高，但主要是以自发性和地区性为表征，处于初级发展阶段。我国农地流转诱因，以及制约其发展的瓶颈是什么？农户参与土地流转是否有助于其福利水平提升，效果是否显著？福利效应的具体来源、表现形式及个体差异情况怎样？这是本章试图回答的关键性问题。

与已有文献相比较，本章的创新之处在于，将农地流转诱因解释与福利效应评价纳入同一框架体系内，着重构建分析农户土地流转行为的微观理论模型，并在此基础上，采用一种非实验评价策略和 CFPS 数据集，识别农户土地流转行为及其福利效应。由于农户是"自选择"流转土地，故样本数据中的流转户和非流转户划分是非随机的，这将导致样本"自选择"问题和模型估计结果偏误。为解决这一问题，我们使用倾向得分匹配法构造一组与流转户样本相匹配的虚拟的非流转户样本，从而建立一个合理的反事实研究框架，不但能够准确评价农地流转福利效应，而且可以利用两组匹配样本深入分析福利效应的具体来源和差异特征。

3.1　供求分析框架下农户土地流转行为的经济学解释

依据刘易斯的二元经济发展理论，由于土地数量不能随人口的增长而增加，农业总产量必然会受到土地数量的限制，造成整个部门的边际收益递减。解决农业比较收益长期偏低的根本出路是在非农产业发展和农村劳动力迁移的基础上，进行土地要素的重新组合与优化配置，实现土地的适度规模经营，提高劳动生产率和经营效益，进而获得相应的比较收益。基于上述思想，本章尝试在供求分析框架内给出农户土地租赁行为的经济学解释，从理论方面剖析影响农地流转的决定性因素。

1. 农村劳动力迁移与农户土地供给关系的经济学解释

本节对托达罗模型（Todaro，1996）进行扩展，考虑城乡工资差距对农村有效劳动力迁移的影响，进而给出劳动力迁移、流转土地供给及农业工资之间关系的直观解释。图 3-1 为扩展的托达罗模型示意图，横轴表示农村和城市的劳动力总量，纵轴表示城乡工资水平。农村的坐标原点 O_R 在图 3-1 的右边，N_0N_1 为农村的劳动需求曲线；城市的坐标原点 O_U 在图 3-1 的左边，F_0F_1 为城市的劳动需求曲线。由于城市工资被制度因素固定在 U_0 水平上，这决定了正规部门容纳的劳动力数量不会超过 $O_U L_0$，我们将 F_0E_0 称为正规部门的劳动需求曲线，E_0F_1 称为非正规部门的劳动需求曲线。托达罗模型认为城市正规部门工资水平 U_0 是迁移农民形成预期工资的关键参照。由于农民工可以在农业部门与城市非正规部门之间自由地流动，劳动力的均衡配置将是 E_0F_1 和 N_0N_1 的交点 E_1，城市的就业量为 $O_U L_1$，农村的劳动力数量为 $O_R L_1$，均衡工资水平为 R_1。这是扩展的托达罗模型的第一阶段——农村剩余劳动力迁移阶段，不对土地流转产生影响。

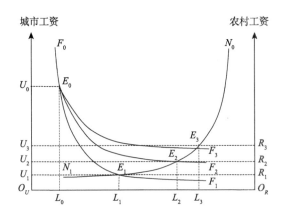

图 3-1　扩展的托达罗模型示意图

扩展的托达罗模型的第二阶段表现为农村有效劳动力迁移。由于第二三产业的发展增加了城市对劳动力的需求，城市非正规部门劳动需求曲线向右上方移动到 E_0F_2，非农就业数量从 $O_U L_1$ 增加到 $O_U L_2$，而农业劳动力数量从 $O_R L_1$ 减少到 $O_R L_2$，均衡工资水平上升到 R_2。在此过程中，向城市迁移的劳动力不再是农村剩余劳动力而是农村有效劳动力[①]，吸引劳动力迁移的动力是巨大的城乡预期工资差异。受到中国现有的家庭承包土地制度和城市非农就业不稳定性的影响，农村有效劳动力迁移模式更多表现为农户兼业行为。中国农村家庭成员中的青壮年劳动力外出打工，老、弱和妇女从事农业生产，"半工半耕""男工女耕"的农户兼业化现象普遍。然而，兼业生产在某种程度上会阻碍农业发展，削弱农户生

---

① 当城乡工资差距过大时，农民必然会持续减少农业劳动投入而增加非农劳动投入，从而对农业生产造成不利影响，表现为农村有效劳动力迁移。本章假设农业劳动力数量从 $O_R L_1$ 减少到 $O_R L_2$ 过程中所迁出的劳动力为农村有效劳动力。

产投资的积极性，甚至导致土地的粗放经营。企业也不愿意雇佣兼业农民，因为其在农忙季节返乡会扰乱正常的工作状态。兼业农民只能从事时间上更为灵活、收入较低的工作，如手工业、建筑业和采掘业等。更为重要的是，兼业还使农民工正常的人力资本积累中断，丧失了许多加薪或升职的机会。

当城市工资在每一点上都高于农业劳动产出率时，不会有农户选择兼业，只要有机会，农民一般会选择租出土地并完全从事非农经营活动，这就产生了土地流转的供给。当土地流转发生后，一方面土地租金会提高务工农民的实际工资；另一方面租出土地而专门从事非农生产活动，有利于提升农民工的专业技能水平，使之能够适应更多的非农就业岗位。基于上述原因，土地流转将对城市非正式部门的劳动需求曲线产生上移的拉力[1]，即土地流转具有自强化作用。这是在扩展的托达罗模型中农村劳动力迁移的第三阶段。当城市非正规部门劳动需求曲线向右上方移动到 E_0F_3 时，非农就业数量从 O_UL_2 增加到 O_UL_3，而农业劳动力数量从 O_RL_2 减少到 O_RL_3，均衡工资水平上升到 R_3。上述分析表明，非农就业机会和非农工资增加是农村土地供给产生的最根本原因，而土地流转的收入效应对流转意愿具有强化作用。

2. 农业规模经营与农户土地需求关系的经济学解释

由于我国农业人口众多而耕地资源有限，故农户的实际户均生产规模大多小于最优户均生产规模（曹建华等，2007），严重阻碍了农业发展和农民增收。首先，当土地经营规模过小时，很难提供有效的经济租金刺激农户对土地进行投资，也很难促进资本对劳动的替代并刺激农户对机械资本的投资。其次，土地分散化经营的农户无法得到市场上商品供求的准确信息，使农业生产经常处于不稳定之中，并造成农业生产管理成本增加。最后，家庭经营的专业化程度偏低，交易方式也是分散成交，加大了市场交易成本。这一切都导致我国农业的规模效益无法显现出来。

图 3-2 基于技术进步和生产成本角度，给出生产环境变化引发的专业农户希望扩大土地经营规模的直观经济解释。图 3-2 的横轴为土地经营规模，纵轴为产出成本，OA 和 OB 分别是初始状态下的农业生产函数和成本函数。当边际成本等于边际收益时农户的利润最大，此时成本函数 OB 的平行线 k_1 与生产函数 OA 相切于 C 点，最优土地规模为 S_1。受益于工业发展带来的技术外溢效应和农业财政科研投入的知识产出效应，持续的技术进步扩展了农业生产的技术可能性边界，生产函数从 OA 移动到 OA_1，成本函数 OB 的平行线 k_2 与 OA_1 相切于 D 点，最优土地

---

① 当然，土地流转只是影响非正式部门劳动需求曲线上移的一个方面，非农就业岗位的增加取决于多种因素，如工业和服务业的发展、产业结构深化、政府干预等。

规模扩大到 S_2。此外，近年来国家财政对种粮农民给予的作用于生产环节的农资综合补贴、农机具购置补贴和良种补贴，农村基础设施和融资环境改善，以及取消农业税等政策，提高了农民的生产积极性，同时大幅降低了生产成本。成本函数从 OB 移动到 OB_1，其平行线 k_3 与生产函数 OA_1 相切于 E 点，最优土地规模进一步扩大到 S_3。因此，为提高农业产出率和生产要素配置效率，最大限度地获得潜在的农业经济租金，专业农户需要拥有与现代化农业生产和产品市场国际化相匹配的土地经营规模，进而产生了对租入土地的需求。简而言之，与技术进步和生产成本相关的因素（如农业补贴、农业贷款等）将会对农户土地租出决策产生影响。

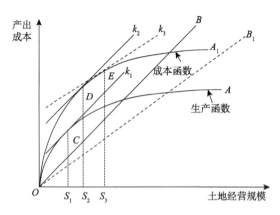

图 3-2　技术进步、生产成本和土地经营规模

以非农活动为主的农户提供了土地供给，追求规模效益的专业农户创造了土地需求，二者的共同作用使农村土地流转成为可能。

3. 国家土地制度改革对农地流转具有重要的推动作用

农地流转过程虽然是由农户自发进行的，但由于它具有的社会性和政治性，故受到国家制约，国家享有对土地的管理权和规划权。任何一宗土地的流转在理论上都要符合国家的相关规定，并受到法律的约束，否则势必造成土地的兼并和资源的浪费，进而损害农民的利益。国家的介入使土地流转实现规范化，有利于农地的合理流动和高效利用。我国政府对农地流转从最初的否定、限制到逐渐接受、默许、支持，直到出台政策推广并在更大范围内实施，土地制度变迁也由农民的需求变成了政府和农民的供需一致，从而使诱致性制度变迁和强制性制度变迁结合在一起，提高了制度变迁效率。

中央对待土地流转态度慎重，在不断健全土地产权制度的基础上，逐步推出与我国土地流转实际相匹配的法律法规。1988 年的宪法修正案在一定程度上认可了土地使用权的有偿转让。2002 年颁布的《中华人民共和国农村土地承包法》，不但让农户土地使用权转让获得法律的确认和保护，而且明确要求为农民发放正式的土地产权证明（土地承包合同和土地承包经营权证书），稳定的地权使得农户将土地作为抵押品向金融机构借贷成为可能（刘红梅和王克强，2000；叶剑平等，2006）。2005 年颁布的《农村土地承包经营权流转管理办法》给出了农村土地流转管理工作的具体指导办法。2008 年，十七届三中全会通过《中共中央关于推进农村改革发展若干重大问题的决定》，明确提出"赋予农民更加充分而有保障的土地承包经营权，现有土地承包关系要保持稳定并长久不变"，农村改革发展进入新的高潮，土地流转开始成为全社会关注焦点。2013 年中央一号文件进一步要求抓紧研究现有土地承包关系保持稳定并长久不变的具体实现形式，完善相关法律制度。坚持依法自愿有偿原则，引导农村土地承包经营权有序流转，鼓励和支持承包土地向专业大户、家庭农场、农民合作社流转，发展多种形式的适度规模经营，并首次提出"家庭农场"的概念。2014 年中央一号文件赋予农民对承包地占有、使用、收益、流转及承包经营权抵押、担保权能，允许承包土地的经营权向金融机构抵押融资。2014 年审议通过的《关于引导农村土地经营权有序流转发展农业适度规模经营的意见》强调，坚持农村土地集体所有，实现所有权、承包权、经营权三权分置，引导土地经营权有序流转。不断完善的土地制度为我国农村土地流转提供了强有力的法律保障和方向指导，节约了制度变迁成本，并促使农地流转市场逐步向全国化、有序化和资本化方向迈进。

3.2　农户土地流转决策的反事实研究框架

土地流转是农村土地资源的重新配置过程，从"理性人"经济假设出发，只有当非农生产的预期收益与土地租金之和超过自己耕种土地所获得的收益时，兼业农户才会选择租出土地；同样，只有当专业农户的土地经营收益超过耕种土地的机会成本与土地租金之和时，才会选择租入土地。上述两个条件同时满足，土地流转过程才有可能发生。

3.2.1　农户土地流转决策

本节根据 Becerril 和 Abdulai（2010）、Ali 和 Abdulai（2010）给出的随机效

用决策模型，农户参与土地流转的效用（U_1）[①]和不参与土地流转的效用（U_0）之差用 T^* 表示，若 $T^* = U_1 - U_0 > 0$ ，则农户选择土地流转。尽管效用差 T^* 是不可观测的，但能够用可观测变量的函数将其表示出来。定义农户的土地流转决策方程为

$$T^* = g(X) + u \;,\; T = \begin{cases} 1 & T^* > 0 \\ 0 & T^* \leqslant 0 \end{cases} \tag{3-1}$$

其中，T 为两值变量，如果农户参与流转（$T^* > 0$），则 $T = 1$，否则等于 0；X 为影响农户流转行为的外生解释变量向量[②]；u 为随机扰动项。

为度量土地流转对农户福利（家庭收入）的影响，可定义农户福利方程为

$$Y = f(Z) + \delta T + \varepsilon \tag{3-2}$$

其中，因变量 Y 为农户福利；Z 为控制变量向量；T 为农户是否参与流转的两值变量；ε 为扰动项。若农户被随机分配到流转组和非流转组中，则参数 δ 能够精确度量流转的净福利效应。然而，农户自己决定（自选择）是否参与土地流转，因此，流转决策（T）可能会受到某些不可观测因素（生产偏好、管理技能或进取精神等）的影响，而这些因素又可能与结果变量（Y）相关，如富裕（高福利）家庭由于不愿意耕种（生产偏好）而将土地租出。这将导致式（3-2）中的 ε 与 T 相关。在此情况下，不考虑"自选择"问题直接估计式（3-2），参数 δ 的估计结果将是有偏的[③]。

在处理"自选择"问题的诸多方法中，倾向得分匹配法由于不需要事先假定函数形式、参数约束及误差项分布，也不需要解释变量（Z）外生以识别因果效应（Heckman and Vytlacil，2007），因此比 Heckman 两阶段模型或工具变量法更具优势。Mariapia（2007）、Menale 等（2011）采用倾向得分匹配法解决了在农户生产技术采用福利效应分析中的"自选择"问题。秦雪征等（2012）基于相同目的，使用该方法研究参与国家科技计划对企业创新的影响。该方法的缺陷在于，倾向得分估计主要是基于可观测解释变量（X），影响决策变量的不可观测特性不直接发挥作用。如果可观测变量的设定不正确，则不可观测特性将导致倾向得分的有偏估计和错误的样本匹配（Heckman and Navarro-Lozano，

---

① 实际上，农户有三种决策方案：租入、租出和不参与流转，为叙述方便，这里将租入和租出情况统称为参与土地流转，并将农户区分为流转户和非流转户。

② 3.1 节"供求分析框架下农户土地流转行为的经济学解释"为确定影响农户流转决策的解释变量提供了理论支持，如影响流转土地供给的因素（非农就业机会和城市工资等）会影响农户的土地租出决策，影响流转土地需求的因素（农业补贴和农业贷款等）将影响农户的土地租入决策。此外，影响农户流转决策的外生解释变量还应包括户主特征、家庭特征和家庭所处的地理位置等个体变量。

③ 根据研究的需要，本章将在 3.3 节对式（3-2）中控制变量向量 Z 的选择问题进行解释和说明。

2004）。Jalan 和 Ravallion（2003）指出，在横截面数据的相关分析中，Heckman 两阶段模型或工具变量法的弱工具变量限制要比倾向得分匹配法的变量选择问题更为严重。

3.2.2　反事实研究框架与倾向得分匹配法

Rosenbaum 和 Rubin（1983）定义的反事实研究框架，提供了一种与式（3-2）不同的考察农地流转福利效应的研究思路，定义处理组（流转组）[1]的平均处理效应（ATT）为

$$\text{ATT} = E\left(Y_1 \middle| T=1\right) - E\left(Y_0 \middle| T=1\right) = E\left(Y_1 - Y_0 \middle| T=1\right) \tag{3-3}$$

其中，Y_1 为农户参与土地流转时的福利水平；Y_0 为农户不参与土地流转时的福利水平。为剔除其他因素干扰，ATT 将研究样本限定为流转户（$T=1$），并测算流转户在参与和不参与流转条件下的福利差，即土地流转对农户福利的净影响。Winship 和 Morgan（1999）认为，在评估一项政策是否有效时，不在于该政策是否对所有个体均有益，而在于对被分配到或者可能分配到处理组中的个体是否有益。在式（3-3）中，我们只能观测到 $E\left(Y_1 \middle| T=1\right)$ 的结果，而 $E\left(Y_0 \middle| T=1\right)$[2] 是不可观测的，将其称为反事实结果。可以利用倾向得分匹配法构造 $E\left(Y_0 \middle| T=1\right)$ 的替代指标。

倾向得分匹配法处理"自选择"问题的一般思路是，基于非流转户样本集合，为每个流转户挑选或构造一个非流转户，并保证两样本家庭除在土地流转选择方面不同外，其他样本特征均近似相同。因此，两样本的结果变量可看作同一个体的两次不同实验（参与和不参与土地流转）结果，其结果变量差值即土地流转的净效应。构造得到的非流转户样本集合称为流转组的对照组。为实现这一目的，首先，在给定解释变量 X 的条件下，估计农户的土地流转决策方程并计算农户 i 选择土地流转的条件概率 $p_i = P\left(T_i = 1 \middle| X_i\right)$，称为倾向得分；其次，为每个流转户匹配一个倾向得分近似的非流转户，从而构造一个统计对照组。本质上，匹配模型创造了一个随机实验条件，使流转户和非流转户可直接比较，并满足两条假设：①在给定倾向得分和解释变量 X 的条件下，结果变量 Y 与处理变量 T 相互独立，该假设称为强可忽略性假设；②给定解释变量 X，有 $0 < p_i < 1$ 成立，该假设称为共同支撑域条件。共同支撑域条件剔除掉倾向得分分布的尾部，从而提高了匹配质量，且非参数方法只有建立在共同支撑域上才有意义（Rosenbaum and

---

① 为表述更为直观，在本章中将处理组又特别称为流转组，后面不再对两概念进行区分。

② 表达式 $E\left(Y_0 \middle| T=1\right)$ 的含义如下：对于流转户样本，假设其在不参与土地流转情况下的福利均值。

Rubin，1985）。

得到农户选择土地流转的倾向得分后，用数值方法搜索流转户的非流转户"邻居"，并用倾向得分最接近的一个（或多个）非流转户与之相匹配。在理论上，存在多种匹配方法均可以实现匹配，且匹配结果是渐进等价的。然而，实践表明由于各类方法对偏差和效率间的权衡不同，故不同方法的匹配结果存在差异（Caliendo and Kopeinig，2008）。为保证匹配结果的稳健性，在实证研究中可以考虑同时采用多种方法[①]为流转户匹配非流转户样本，并将匹配结果进行比较。

倾向得分是向量 X 所包含信息的综合度量，因此，使用倾向得分进行匹配可以解决匹配过程中的维度限制问题。而且，Rosenbaum（2002）证明了具有相同倾向值的处理组和对照组个体在观测到的解释变量 X 上具有相同的分布。这意味着，虽然在倾向值同质的匹配集内处理组和对照组的个体可能在某个解释变量上的取值有所差异，但这种差异应该是随机差异而非系统差异。当然，在匹配完成后，还需要进行平衡性检验。主要检验两组样本间解释变量差异是否已经被消除，如果检验通过，则表明匹配对照组是一个合理的反事实。一种检验方法来自Sianesi（2004）的研究，他指出，与匹配前相比较，匹配后的处理组和对照组之间的解释变量分布应该没有系统性差异，因此，Pseudo R^2 将变得更低，并且解释变量的联合显著性检验被拒绝（LR 统计量不显著）。另一种检验处理组和对照组之间解释变量平衡性的方法来自 Rosenbaum 和 Rubin（1985）定义的标准化偏差[②]。这一统计量表明，匹配之后，如果变量 X 在两组样本之间的标准化偏差大于 20，则意味着该匹配过程失败。

3.3 农户土地流转决策方程估计与样本匹配

本章所使用的农村住户调查数据来源于 CFPS[③]数据集。在 2010 年和 2012 年，该数据集对我国 25 个省（区、市）展开全面调查访问，样本规模分别为 16 000 户和 13 231 户，重点关注中国居民的经济活动、经济与非经济福利、教育情况、家庭关系、人口迁移和健康水平等诸多主题。

---

① 在 3.4 节，分别采用最近邻居法（1-5 匹配）、最近邻居法（1-10 匹配）、核匹配（窗宽=0.06）及核匹配（窗宽=0.10）四种方法为流转户匹配非流转户样本，并测算福利效应。

② 为节省篇幅，本章没有给出标准化偏差的计算公式。

③ 数据来源：http://www.isss.pku.edu.cn/cfps。

3.3.1　数据指标的描述性统计

本章的研究主要基于 2012 年数据评估农地流转的福利效应，考虑到模型中包括滞后解释变量，还需要用到 2010 年的部分数据。数据处理过程分为两个阶段，首先，选择在两年中均被调查且从村集体中分配到土地的农村家庭 8 510 户；其次，由于研究农村土地流转问题，还需要剔除掉北京、上海、天津和重庆 4 个直辖市的样本，以及缺失家庭特征数据的样本，最终选择 5 815 户家庭[①]。表 3-1 中给出 2012 年我国 21 个省（区）样本农户的土地流转分布情况。

表 3-1　2012 年我国 21 个省（区）样本农户的土地流转分布情况

省（区）	总户数/户	租入土地		租出土地	
		户数/户	占比	户数/户	占比
河北	458	62	13.5%	42	9.2%
山西	310	56	18.1%	16	5.2%
辽宁	551	58	10.5%	71	12.9%
吉林	98	22	22.4%	19	19.4%
黑龙江	76	26	34.2%	13	17.1%
江苏	93	7	7.5%	18	19.4%
浙江	98	5	5.1%	26	26.5%
安徽	157	9	5.7%	8	5.1%
福建	72	5	6.9%	9	12.5%
江西	132	28	21.2%	30	22.7%
山东	411	45	10.9%	31	7.5%
河南	718	118	16.4%	86	12.0%
湖北	61	6	9.8%	7	11.5%
湖南	156	28	17.9%	26	16.7%
广东	356	50	14.0%	48	13.5%
广西	152	27	17.8%	10	6.6%
四川	291	10	3.4%	23	7.9%
贵州	256	33	12.9%	23	9.0%
云南	225	62	27.6%	26	11.6%
陕西	149	29	19.5%	16	10.7%
甘肃	995	119	12.0%	39	3.9%
总计	5 815	805	13.8%	587	10.1%

---

① 样本农户共涉及 21 个省（区），447 个行政村，每村包括 10~15 户家庭。

　　表 3-1 中的数据表明，我国农村土地流转总体水平相对较低，在 5 815 户样本家庭中，租入土地户数为 805 户，占总户数的 13.8%；租出土地户数为 587 户，占总户数的 10.1%。从各省（区）间的横向比较情况来看，部分经济欠发达主要农业省份的土地租赁发生率相对较高，如黑龙江、吉林和江西的土地租入户数占比分别约为 34.2%、22.4% 和 21.2%，土地租出户数占比分别约为 17.1%、19.4% 和 22.7%；另一部分欠发达省份农户则更倾向租入土地扩大农业生产规模，如云南、山西、湖北和广西的土地租入户数占比约为 27.6%、18.1%、9.8% 和 17.8%，但土地租出户数相对较少。经济发达省份农户更倾向租出土地从事非农活动，如江苏和浙江的土地租出户数占比为 19.4% 和 26.5%，租入户数仅为 7.5% 和 5.1%。虽然上述分析不适用于全部省份，但从中可以看出，不同省份的土地资源和经济发展水平是影响农户土地流转决策的重要变量。

　　为进一步确定农户土地流转决策的影响因素，表 3-2 给出 2012 年流转农户与非流转农户经济指标差异的统计描述。其中，福利指标分别用家庭人均纯收入衡量，土地流转的影响因素从四个层次选择：户主特征、家庭特征、村庄特征和宏观环境。

表 3-2　2012 年流转农户与非流转农户经济指标差异的统计描述

指标类型	指标名称	非流转户（A）	租入户（B）	差值（B–A）	租出户（C）	差值（C–A）
福利指标	家庭人均纯收入/元	9 120.0	10 733.9	1 613.9***	10 994.0	1 874.0***
户主特征	户主年龄/岁	48.557	47.904	-0.652	49.547	0.990
	户主受教育年限/年	6.537	6.973	0.436***	6.736	0.199**
家庭特征	上期家庭非农收入占比	0.625	0.529	-0.096***	0.766	0.141***
	上期家庭农用机械价值/元	1 406.0	3 446.7	2 040.7***	488.5	-917.5***
	上期家庭土地价值/元	38 163.0	77 817.1	39 654.1***	25 234.5	-12 928.4***
	家庭农业补贴/元	332.5	419.0	86.5***	291.4	-41.1**
	家庭金融负债/元	10 348.6	13 368.1	3 019.5	12 031.2	1 682.6
村庄特征	村庄人均现金存款/元	4 200.4	3 411.8	-788.6***	5 248.3	1 047.9***
	村庄到商业中心的时间/天	0.579	0.540	-0.039***	0.456	-0.123***
宏观环境	城市人均收入/元	19 000.6	18 769.0	-231.6*	20 018.4	1 017.8***
	省份第二三产业增加值指数	113.334	113.371	-0.038	113.195	-0.139**

*、**和***分别表示在 10%、5% 和 1% 水平上显著

　　表 3-2 中的统计结果显示，非流转户的家庭人均纯收入分别比土地租入户和

土地租出户少 1 613.9 元和 1 874.0 元，在一定程度上体现了土地流转对农户收入的促进作用，因此土地流转能够提升农户福利。对于流转户和非流转户样本，各类经济指标均显示出明显的统计差异特征，这有助于我们确定农户土地流转决策的影响因素。为节省篇幅，各变量对土地流转影响机制的理论解释将在 3.3.2 节给出。

需要特别注意的是，土地流转是农户的"自选择"行为，上述各指标的统计差异性有可能不是土地流转行为的必然结果，而是由其他因素所导致的。因此，需谨慎使用表 3-2 中的结果，并建立因果关系分析来检验土地流转对家庭收入的影响。

3.3.2　农户土地流转决策方程估计

为实现流转户与非流转户样本之间匹配，首先需要估计农户的土地流转决策方程（包括租入方程和租出方程）。本章使用的农村家庭数据来源于 2010 年和 2012 年 CFPS，其中，租入方程数据集包括租入土地家庭（805 户）和不参与流转家庭（4 422 户），合计 5 227 户样本家庭；租出方程数据集包括租出土地家庭（587 户）和不参与流转家庭（4 422 户），合计 5 009 户样本家庭。基于 Logit 模型构建农户土地流转决策方程，具体形式由式（3-4）给出：

$$\ln \frac{p_i}{1-p_i} = \beta_0 + \beta_1 \text{age}_i + \beta_2 \text{age}_i^2 + \beta_3 \text{edu}_i + \beta_4 \text{rat}_{-1i} + \beta_5 \ln K_{-1i} + \beta_6 \ln \text{SV}_{-1i}$$
$$+ \beta_7 \ln \text{sub}_i + \beta_8 \ln \text{loan}_i + \beta_9 \ln \text{inc}_i + \beta_{10} \text{time}_i + \beta_{11} \ln \text{wage}_i$$
$$+ \beta_{12} \text{add}_i + u_i \tag{3-4}$$

其中，$i = 1, 2, \cdots, n$ 为家庭；$p_i = P(T_i = 1 | X_i)$ 为家庭 i 选择土地流转的条件概率[①]。解释变量包括户主特征变量：户主年龄（age_i）、户主年龄平方（age_i^2）和户主受教育年限（edu_i）；家庭特征变量：上期家庭非农收入占比（rat_{-1i}）、上期家庭农用机械价值对数（$\ln K_{-1i}$）、上期家庭土地价值对数（$\ln \text{SV}_{-1i}$）、家庭农业补贴对数（$\ln \text{sub}_i$）和家庭金融负债对数（$\ln \text{loan}_i$）；村庄特征变量：村庄人均现金存款对数（$\ln \text{inc}_i$）和村庄到商业中心的时间（time_i）；宏观环境变量：城市人均收入对数（$\ln \text{wage}_i$）和省份第二三产业增加值指数（add_i）。两方程极大似然估计结果由表 3-3 给出。

---

① 根据 Logit 模型的建模估计的一般思路，利用可观察变量 T 作为被解释变量，实现对式（3-4）的参数估计。

表 3-3　基于 Logit 模型的农户土地流转决策方程估计结果

指标类型	指标名称	租入方程	租出方程
户主特征	户主年龄（age_i）	0.1122^{***}	-0.1118^{***}
	户主年龄平方（age_i^2）	-0.0012^{***}	0.0012^{***}
	户主受教育年限（edu_i）	0.0205^{**}	0.0210^{*}
家庭特征	上期家庭非农收入占比（rat_{-1i}）	-0.2830^{**}	0.7010^{***}
	上期家庭农用机械价值对数（$\ln K_{-1i}$）	0.0532^{***}	-0.0728^{***}
	上期家庭土地价值对数（$\ln SV_{-1i}$）	0.5490^{***}	-0.3810^{***}
	家庭农业补贴对数（$\ln sub_i$）	0.0590^{***}	
	家庭金融负债对数（$\ln loan_i$）	0.0181^{**}	
村庄特征	村庄人均现金存款对数（$\ln inc_i$）	-0.1470^{***}	0.0890^{*}
	村庄到商业中心的时间（$time_i$）		-0.9370^{***}
宏观环境	城市人均收入对数（$\ln wage_i$）		0.5510^{*}
	省份第二三产业增加值指数（add_i）		0.1010^{***}
统计检验	Pseudo R^2	0.0917	0.1030
	LR 统计量	411.91^{***}	370.89^{***}
	样本容量	5 227	5 009

*、**和***分别表示在 10%、5%和 1%水平上显著

1. 户主年龄和户主受教育年限是家庭土地流转决策的重要影响变量

　　户主是农业生产决策的执行者，户主年龄和户主受教育年限作为人力资本变量对土地租赁与生产模式选择具有重要影响。通常来说，户主年龄越大则非农就业能力就越弱，可供选择的非农就业岗位也越少，其保持从事农业生产的可能性越大；而年轻户主的非农就业能力相对较强，可供选择的非农就业岗位也较多，其租出土地并从事非农生产活动的意愿会更强。表 3-3 显示，户主年龄对土地租入决策具有显著正向影响，而对租出决策具有显著负向影响，即年轻户主更愿意租出土地从事非农生产活动。另外，租入与租出方程中户主年龄平方项的系数均显示，当户主年龄超过某一阈值时（本节的计算结果是 48 岁左右），其对家庭生产决策的作用开始减弱。

　　现阶段，农民的非农生产活动已逐渐从劳动密集型行业向服务业转移，从体力劳动向技术型岗位转变，或者是从事生产和管理技术相对复杂的家庭经营活动，这对劳动者的受教育程度要求不断提高，因此，户主的受教育年限越高，租出土地从事非农生产活动的可能性越大。同样，租入土地扩大农业生产规模，要

求生产者具有使用现代农业生产技术的能力和生产管理经验，同时还需要具有理性决策的能力。可以预期，户主受教育年限越长，发展高效农业的成功率就越高，租入土地的可能性越大。表 3-3 显示，户主受教育年限对土地的租入和租出决策具有显著正向影响。

2. 农户生产方式选择具有路径依赖特征，而政策性补贴有助于扩大农业生产规模

土地是中国农户生活和就业的基本保障，由于农业的比较收益偏低，故家庭农业收入无法改善农户的生活状况，只要有非农就业机会，农民一般会选择外出务工。非农收入占家庭纯收入的比重代表了一个家庭的非农就业机会或就业能力，因此，非农收入越高则农户耕种土地的机会成本也越大，其租出土地的可能性就越大。表 3-3 显示，上期家庭非农收入占比越高，则租入土地的可能性越小，而租出土地的可能性越大。与之相对应，农用机械设备和土地是农民的生产性固定资产，反映了家庭的农业生产能力。农用机械和土地价值越大，当租出土地时，意味着放弃农业生产需要付出越高的沉淀成本；当租入土地时，则越容易形成规模经营，降低平均成本并获得更高的收益。表 3-3 的租入方程显示，上期家庭农用机械价值对数和上期家庭土地价值对数对农户租入土地决策具有显著的正向影响，且土地的重要性要远高于农用机械。租出方程也得到类似的结论，两个变量对土地租出决策具有显著的负向影响。

农业生产具有长周期、低收益和高风险特征，并受到诸多不可控因素的影响，因此，发展农业需要得到国家和社会的扶持。当农户希望租入土地扩大生产规模时，首先要考虑两方面问题：一是农产品的收益；二是扩大生产规模所需要的资金来源。2004 年以来，我国政府不断加大对"三农"的支持力度，在各地区陆续实施多种农业补贴政策，有效降低农业生产成本，增加农户收益。正如本章在分析表 3-3 时所指出的，作用于生产领域的农业补贴诱使农户产生对租入土地的需求。农村金融是促进农业发展的重要补充，农业生产周期最短也要在半年左右，从开始投入到获得产出需要的时间较长，且在此期间内农户无法从生产中得到收入，还需要追加投资，这使农户具有强烈的信贷需求。农户借贷是决定农业投资的一个重要影响因素（钟甫宁和纪月清，2009），获得涉农贷款途径越是便利，农户前期的投资越有保证，租入土地的意愿就越强。2014 年中央一号文件赋予农民对承包地承包经营权抵押、担保权能，以贴息小额信贷形式向种粮大户和贫困家庭提供政策性金融补贴，有助于农户实现生产方式转变和增收目标。表 3-3 中租入方程的结果显示，家庭农业补贴对数和家庭金融负债对数均对土地租入决策具有显著正向影响。

3. 村庄的经济和地理环境对土地流转具有显著促进作用

村庄是农民生产和生活中面对的最直接的外部环境，村庄的经济特征和地理位置会对农户土地流转决策产生系统影响。村庄的非农经济越发达或外出务工的村民比例越高，不但会产生强烈的示范效应，而且会提供更多的就业机会或就业信息（通过农户之间的交流），农户租出土地从事非农生产活动的愿望就越强烈。考虑到非农收入是农村家庭现金收入的主要来源，因此，村庄人均现金存款不但能够衡量村庄的整体经济实力，而且更能够反映村庄的非农经济发展水平。表 3-3 显示，村庄人均现金存款对数对土地租入决策具有显著的负向影响，而对土地租出决策则具有显著的正向影响。村庄的地理位置也会对农民生产决策产生影响：一方面，家庭到中心城市的距离近，有利于降低进城务工的交通成本和生活成本，并为农民提供更多机会分享工业化带来的利益；另一方面，地理位置还可以通过影响农民的非农就业能力来间接影响农户的流转决策。正如 Knight 和 Song（1999）所指出的，出生地是决定一个成年人的技能水平的重要因素之一。模型结果显示，村庄到商业中心的时间越短，农户租出土地从事非农活动的可能性就越大。

4. 城市工资水平和就业机会是决定农地流转供给的关键

农民居住地所在省份的宏观经济环境对农户土地流转决策也具有重要影响。正如本章在分析图 3-1 时所指出的那样，城市工资越高，非农就业机会越多，则农民向城市迁移的动力就越大，租出土地从事非农经济活动的愿望也越强烈。在经济发达地区，从事第二三产业工作的机会更多，土地流转将更为活跃（Lerman and Shagaida，2007）。本章选择城市人均收入对数变量代表城市工资水平，使用省份第二三产业增加值指数反映非农就业机会。表 3-3 中的实证结果表明，两个变量均对土地租出决策具有显著的正向影响。

3.3.3　倾向得分估计与共同支撑域条件

在得到农户土地流转决策式（3-4）的参数估计结果之后，就可以利用式（3-4）中的可观测解释变量来计算农户 i 参与土地流转的条件概率 p_i 的拟合值，此概率值即农户 i 的倾向得分。

为保证匹配质量，在获得农户选择土地流转的倾向得分之后，还需进一步讨论匹配的共同支撑域条件。如果流转户和非流转户样本的解释变量的重叠区间（共同支撑域）太窄，则处于共同支撑域之外的流转户样本将无法实现有效匹配，导致过多的流转户样本损失。可以通过比较流转户与非流转户样本的倾向得分的密度函数考察两组样本的共同支撑域条件①。图 3-3 是利用农户选择土地流转的倾向得分 p_i 及其对应的户数比例构造的经验密度函数图。

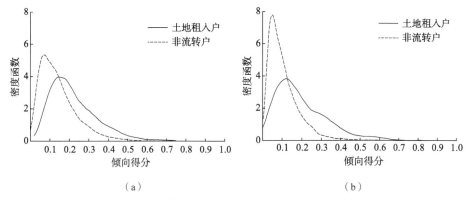

图 3-3　流转户和非流转户倾向得分的密度函数图

观察图 3-3 发现，土地流转户（租入户和租出户）与非流转户样本的倾向得分区间具有相当大范围的重叠，将此重叠区间称为共同支撑域。其中，基于租入方程的测算得到，土地租入户的倾向得分区间为[0.019，0.745]，非流转户的倾向得分区间为[0.001，0.729]，共同支撑域条件为[0.019，0.729]，土地租入户的最大样本损失值为 2 个②。基于租出方程测算得到，土地租出户的倾向得分区间为[0.001，0.816]，非流转户的倾向得分区间为[0.004，0.818]，共同支撑域条件为[0.004，0.816]，租出户的最大样本损失值为 3 个。与所使用样本的总量相比较，处理组样本损失比例极小，共同支撑域条件是令人满意的。

3.3.4　样本匹配及其匹配质量检验

倾向得分估计的一个主要目的是平衡租入（租出）土地农户和不参与流转农户之间的解释变量的分布，而不是获得农地流转概率的精确预测。因此，在样本匹配完成后，本章进一步检验了两组样本间解释变量差异的统计显著性，平衡性检验结果由表 3-4 给出。

---

① 由于农户选择土地流转的概率（倾向得分）是解释变量的线性组合，故倾向得分的共同支撑域可用来反映各解释变量的共同支撑域条件，图 3-3 的纵坐标为相对量（Rubin，1997）。

② 不同的匹配算法产生不同的样本损失值，对于租入户而言，核匹配Ⅰ（窗宽=0.06）是 4 种匹配方法（表 3-4）中产生样本损失值最大的，损失值数量为 2 个；对于租出户而言，最近邻居法（1-10 匹配）产生的样本损失值最大，数量为 3 个。

表 3-4　倾向得分匹配前后解释变量的平衡性检验结果

匹配方法	租入方程			租出方程		
	Pseudo R^2	LR 统计量（P 值）	标准化偏差	Pseudo R^2	LR 统计量（P 值）	标准化偏差
匹配前	0.092	411.91（0.000）	25.6	0.103	370.89（0.000）	26.1
最近邻居法（1-5 匹配）	0.001	1.94（0.992）	2.0	0.004	6.98（0.727）	2.7
最近邻居法（1-10 匹配）	0.000	0.81（1.000）	1.4	0.004	5.97（0.817）	2.6
核匹配 I（窗宽=0.06）	0.001	1.84（0.994）	2.4	0.003	4.08（0.944）	2.7
核匹配 II（窗宽=0.10）	0.004	9.17（0.422）	5.0	0.005	7.76（0.652）	4.5

注：①最近邻居法（1-5 匹配），是为每个流转户样本寻找倾向得分与之最接近的 5 个非流转户样本，并将这 5 个非流转户样本进行加权平均得到 1 个样本，该样本作为流转户的匹配样本；②最近邻居法（1-10 匹配），是利用 10 个非流转户样本的加权平均值与流转户样本匹配；③核匹配 I（窗宽=0.06），设定倾向得分窗宽为 0.06，并将倾向得分在窗宽内的所有非流转户样本的加权平均与流转户样本匹配；④核匹配 II（窗宽=0.10），设定窗宽为 0.10，同样将倾向得分在窗宽内的所有非流转户样本的加权平均与流转户样本匹配

　　匹配之后，解释变量的标准化偏差减少到 1.4%~5.0%，这大大降低了总偏误。似然比检验的 P 值表明，解释变量的联合显著性检验在匹配之前是统计显著的，而匹配之后总是被拒绝的。Pseudo R^2 值也显著下降，租入方程从匹配前的 0.092 下降到匹配后的 0.000~0.004，租出方程从匹配前的 0.103 下降到匹配后的 0.003~0.005。检验结果表明，就平衡这两组样本之间的解释变量的分布而言，倾向得分估计和样本匹配是成功的。

3.4　农地流转福利效应测算及其来源分析

3.4.1　农地流转福利效应测算

　　在获得有效的匹配样本之后，本章依据式（3-3）定义测算农地流转福利效应（流转组的平均处理效应，ATT）的具体公式为

$$ \text{ATT} = \frac{1}{N} \sum_{i \in I_1 \cap S} \left[y_{1i} - \sum_{k \in I_0} w(i,k) y_{0k} \right] \tag{3-5} $$

其中，I_1 为流转组样本集合；y_{1i} 为流转组样本福利值；I_0 为对照组样本集合；y_{0k} 为与农户 i 相匹配的对照组样本的福利值；S 为共同支撑域；N 为流转户样本个数。y_{0k} 的加权和被作为流转组中的农户 i 在不租赁土地假设下的福利值，权重

$w(i,k)$ 的取值与匹配方法有关①。

表 3-5 中给出了分别利用四种匹配方法测算的农地流转福利效应。由于分析基于共同支撑域条件，故流转组和对照组的解释变量分布位于相同区间。流转组的平均处理效应的显著性检验结果利用自助法（Bootstrap）得到，重复抽样次数为 200 次。

表 3-5　农户土地流转的净福利效应测算结果

匹配方法	福利指标	租入土地的净福利效应（ATT）	租出土地的净福利效应（ATT）
最近邻居法（1-5 匹配）	家庭人均纯收入/元	940.3*	1 145.2*
最近邻居法（1-10 匹配）	家庭人均纯收入/元	917.9*	1 277.9**
核匹配 I（窗宽=0.06）	家庭人均纯收入/元	724.1*	1 547.2***
核匹配 II（窗宽=0.10）	家庭人均纯收入/元	828.2*	1 597.6***
平均值	家庭人均纯收入/元	852.6	1 391.5

*、**和***分别表示在 10%、5%和 1%水平上显著

观察表 3-5 发现，虽然各种匹配算法得到不同的量化结果，但从定性的角度来看，四种匹配方法的测算结果是一致的。无论是租入还是租出土地对农户收入都具有显著影响。在表 3-5 最后一行给出四种方法测算结果的平均值，相比较而言，租出土地的福利效应要高于租入土地的福利效应。其中，土地租出户的家庭人均纯收入比非流转户高 1 391.5 元，而土地租入户的家庭人均纯收入比非流转户高 852.6 元。另外，与表 3-2 给出的描述性统计分析结果相比，我们发现基于倾向得分匹配法测算的农户收入效应要远小于统计汇总结果（土地租出户与非流转户的收入差值为 1 874.0 元，租入户与非流转户的收入差值为 1 613.9 元）。倾向得分匹配法将土地流转从其他影响农户福利的因素中独立出来，以便考察其对农户福利影响的净效应，计算结果更为精确。

3.4.2　农地流转福利效应的差异性分析

为进一步理解农地流转对不同样本群体的影响，本章依据家庭特征对农户进行分组。具体分组方式为，分别依据教育水平和实际人均耕地面积将家庭划分为四组来检验租入土地对福利效应的差别影响，依据教育水平和家庭非农收入占比

① 最近邻居法匹配（1-5 匹配）对应等权重值为 0.2，最近邻居匹配（1-10 匹配）对应等权重值为 0.1；对于核匹配方法，权重值大小取决于农户 k 的倾向得分 p_k 与农户 i 的倾向得分 p_i 的距离，距离越大则权重值越小。

将家庭划分为四组来检验租出土地的差别影响。基于最近邻居法（1-5 匹配）测算的不同组群的福利效应结果由表 3-6 给出。

表 3-6   农地流转福利效应的组群差异比较结果

租入土地农户		租出土地农户	
教育水平	收入效应	教育水平	收入效应
文盲	−1 135.1*	文盲	−806.1
小学	1 000.5	小学	195.2
初中	1 435.2**	初中	1 556.1*
高中及以上	2 520.1**	高中及以上	4 787.3**
实际人均耕地面积	收入效应	家庭非农收入占比	收入效应
1	764.2	1	−561.8
2	1 100.7*	2	908.3*
3	1 440.7**	3	3 028.7**
4	1 502.5*	4	1 856.4**

*、**分别表示在 10%、5%水平上显著

注：实际人均耕地面积和家庭非农收入占比是以 1/4 分位数、中位数和 3/4 分位数为分割点的，按由小到大次序划分为四组，分别用 1、2、3、4 表示

教育水平是重要的人力资本变量，其不但对农户土地流转决策具有显著作用，而且在流转发生后，对家庭的福利水平变化也具有重要影响。对于租入土地农户，教育水平越高意味着家庭在农业生产中具有更强的技术采用能力和生产管理经验，这将有利于增加所租入土地的边际收益。对于租出土地农户，教育水平的提高不仅能够增加务工农民的人力资本价值，还能够增加其向工资水平更高的技术型和管理型岗位转移的概率，从而增加家庭收入。表 3-6 中的结果与理论预期一致，即农户参与土地流转的福利效应随着教育水平的提高而增加。值得注意的是，户主教育水平最低（文盲）的家庭，参与土地流转将导致显著的福利损失（租入土地的收入效应为−1 135.1）。此类家庭的农地流转决策可能是非理性的，需要政府的正确引导。

理性农户租入土地主要是为了扩大生产规模，优化劳动与土地要素的投入比例，从而实现向现代农业生产方式转变的目的，同时提高劳动边际回报率。实际人均耕地面积可用来衡量这一目标的实现程度。当人均耕地面积较小时，意味着农户的生产方式很可能没有发生改变，租入土地的福利效应相对不明显。因此，本章选择该指标对租入土地农户进行分组，以度量具有不同流转动机组群间的福利效应差异。类似地，租出土地所导致的福利效应增加来自农户可以将更多的劳

动时间投入回报率更高的非农活动中，而不是因为享受闲暇或其他原因将土地租出。因而，本章选择家庭非农收入占比指标衡量其租出土地目标的实现程度。表 3-6 中的实证结果支持上述理论分析，农地流转福利效应在不同组群间的差异性十分明显，且与两个分组变量呈同方向变动关系。

3.4.3　农地流转的收入效应分解及其来源分析

前文的研究表明，农户参与土地流转有利于收入增加，但更重要的问题是，需要进一步对农地流转收入效应的产生机理给出更为直观的经济解释，即土地流转发生后，具体是哪些因素发生变化引起农户的收入增加，这些因素对收入增加的贡献有多大。为此，本章在对农地流转收入效应进行分解的基础上，分析农地流转所导致的农户收入增加的具体来源和影响机制。参照 Rubin（1997）提出的回归调整方法，按如下步骤构建收入效应分解方程。

第一，计算家庭人均纯收入变量在流转组与对照组成员之间的差分，记为 $\Delta y_i = y_{1i} - y_{0i}$，该差分变量代表农户 i 参与农地流转的净收入效应。

第二，计算收入决定向量在流转组与对照组成员之间的差分，记为 $\Delta Z_i = Z_{1i} - Z_{0i}$，该向量可用来衡量土地流转所导致的农户生产投入（或收入来源）变化，是产生农地流转净收入效应的主要原因。这是因为，流转组与其匹配样本可看作同一个体的两次不同实验结果，因此与流转无关的收入决定变量在两组成员之间的差值应显著为零，而受农地流转影响的收入决定变量在两组成员间的差值显著不为零。为表述方便，仍用 ΔZ_i 表示与农地流转相关的收入决定向量差值。

第三，构建 Δy_i 对 ΔZ_i 的回归方程，研究 ΔZ_i 中各分量对净收入效应 Δy_i 的影响，并计算各分量对农地流转净收入效应的贡献率。

从理论上来说，理性农户之所以租入土地，是因为他们通过重新配置生产要素能够获得更多的利润，因此，租入土地所导致的生产投入变化是引起其净收入效应的最直接原因。本章使用租入组与其匹配样本的实际耕地面积差值、中间投入（化肥农业种子投入）差值以及农业机械价值差值衡量农业生产投入的变化。此外，还使用两组样本的土地价值差值来衡量由租入土地所导致的技术效率提高。农户之所以租出土地，是因为他们找到了工资率更高或效用更大的非农就业机会，其生产方式将由农业生产转向非农生产（或以非农生产为主的兼业生产），因此，非农收入增加和土地租金成为租出土地净收入效应的主要来源。鉴于此，本章构建的租入和租出土地的净收入效应分解方程形式由式（3-6）式（3-7）给出：

$$\Delta y_i^{(1)} = \theta_0 + \theta_1 \Delta S_i + \theta_2 \Delta FA_i + \theta_3 \Delta K_i + \theta_4 \Delta SV_i + \xi_i \tag{3-6}$$

$$\Delta y_i^{(2)} = \psi_0 + \psi_1 \Delta Rat_i + \psi_2 Ren_i + \eta_i \tag{3-7}$$

其中，变量 $\Delta y_i^{(1)}$ 为租入土地的净收入效应；$\Delta y_i^{(2)}$ 为租出土地的净收入效应；ΔS_i 为实际耕地面积差值；ΔFA_i 为中间投入差值；ΔK_i 为农业机械价值差值；ΔSV_i 为土地价值差值；ΔRat_i 为非农收入差值；Ren_i 为土地租金；ξ_i 和 η_i 为随机扰动项。式（3-6）和式（3-7）的加权 OLS 估计结果由表 3-7 的第三列给出；第四列给出了基于最近邻居法（1-5 匹配）计算的各收入决定变量的平均处理效应（ATT），其统计显著性利用自助法得到（重复抽样次数为 200 次）；第五列给出净收入效应来源，表示由收入决定变量变化所引起的农户收入变化，利用收入决定变量的 ATT 值乘以系数估计值得到；最后一列给出各变量对农地流转净收入效应的贡献率。

表 3-7　农地流转净收入效应分解结果

租入方程	系数估计值		收入决定变量的 ATT 值	净收入效应来源	贡献率
实际耕地面积差值（ΔS_i）	$\hat{\theta}_1$	103.997***	4.20***	436.79	46.45%
中间投入差值（ΔFA_i）	$\hat{\theta}_2$	0.093***	1 769.39***	164.55	17.42%
农业机械价值差值（ΔK_i）	$\hat{\theta}_3$	−0.102***	621.71*	−63.41	−6.75%
土地价值差值（ΔSV_i）	$\hat{\theta}_4$	0.057***	4 524.23**	257.88	27.46%
租出方程	系数估计值		收入决定变量的 ATT 值	净收入效应来源	贡献率
非农收入差值（ΔRat_i）	$\hat{\psi}_1$	0.171***	5 034.42**	860.89	75.13%
土地租金（Ren_i）	$\hat{\psi}_2$	0.268***	1 055.07*	282.76	24.68%

*、**和***分别表示在 10%、5%和 1%水平上显著

注：①在表 3-7 中所使用的与流转户匹配的非流转户样本是基于最近邻居法（1-5 匹配）得到的。②租入方程的判断系数 $R^2=0.870$，租出方程的判断系数 $R^2=0.977$。③租入土地的净收入效应为 940.3，租出土地的净收入效应为 1 145.2（表 3-5）

表 3-7 的第四列显示，租入方程和租出方程中的收入决定变量的 ATT 值均统计显著，这表明农地流转净收入效应主要是通过改变家庭的要素配置来实现的。对于租入户，实际耕地面积差值的边际收益为 103.997，其对净收入效应的贡献率最大，为 46.45%。在我国耕地面积有限而农业人口不断增长的大环境下，土地稀缺已成为抑制农民增收的主要瓶颈，而通过农地流转来重新配置土地资源有利于打破这一约束，是提高专业农户收入的基本前提。由于土地价值差值被用来反映技术效率提高对农业生产的影响，该变量对净收入效应的贡献率也较大，达到 27.46%。这意味着，当农业生产规模扩大后，农户更有动力改变传统的生产和管

理方式、播种优质高产作物、改良土壤土质和肥力，通过提升单位土地的产出价值来实现其收入增长。需要注意的是，租入土地家庭的农用机械投入虽有显著增加，但该变量对收入净效应具有负的贡献（−6.75%）。可能的解释是，租入土地家庭的耕地面积仍然不能满足机械化生产所要求的最优规模，家庭劳动力还相对过剩。只有当农地流转市场进一步完善，能够满足农户的土地租入需求后，这一问题才能得到有效解决。

对于土地租出户而言，非农收入的大幅增加是其净收入效应的主要来源，贡献率达到 75.13%。当兼业农民从农业生产中完全脱离出来后，将如同城镇居民一样拥有更多的就业选择，同时也能够通过持续的人力资本积累获得加薪和升职机会，这有助于农民工的工资收入增加。此外，土地租金的收入效应也较为明显，贡献率为 24.68%。目前，我国农地流转市场的信息不对称情况较为突出，土地租赁交易多发生在亲戚与朋友之间（李庆海等，2011），土地租赁价格被严重低估。这不但会造成土地租出户的福利损失，而且会减少土地供给，不利于整体土地资源的优化配置。

3.5　本 章 小 结

本章首先基于二元经济理论和农业生产理论，构建了解释农村土地流转供求关系形成机理的微观框架。其次，利用 Logit 模型和 CFPS 数据识别出农户土地流转决策的影响因素。实证结果表明，土地价值、农业补贴和涉农贷款对农户租入土地决策具有显著促进作用，而非农就业机会和城市工资水平是农户租出土地从事非农生产活动的主要诱因。再次，利用倾向得分匹配法建立一个合理的反事实研究框架，评价农地流转的福利效应。总的来说，无论是租入土地还是租出土地，均有利于提升农户收入，但福利效应在不同家庭组之间存在较大差异。最后，基于收入效应分解方程，对农户福利效应的具体来源展开分析，研究发现租入土地农户的净收入效应依次来源于耕地规模扩大、技术效率提高以及中间投入（化肥种子农药投入）增加，租出土地农户的净收入效应主要来源于非农收入的大幅增长，部分来源于土地租金。

现阶段，我国农村土地流转主要是农民自发推动的，流转规模和涉及范围均无法达到发展现代农业、促进城乡收入均等化的要求。为保障更多农民从土地流转中受益，结合本章的研究结论，给出如下政策建议。

（1）完善农地流转市场，加强对流转户生产经营活动的扶持和引导。第一，发挥村集体或合作社的组织作用，建立土地流转的中介机构，改善村庄在土地流转和承包经营方面的服务功能，为土地流转提供全面的信息服务，减少土地流转成本，促进土地规模的扩大。第二，为农户农业的规模化经营和非农活动提供资金支撑，降低农村金融小额贷款的准入条件和贷款成本，给予农户生产的便利。第三，增强对流转农户生产经营活动的引导和扶持，防止农村中的弱势群体（低教育水平、低收入或缺少劳动技能）在流转土地后福利水平反而降低。

（2）推进农村教育模式改革。人力资本是现代化农业发展不可或缺的要素，农民的文化与技术素质是加快土地流转速度、扩大土地流转规模的关键所在。农民的受教育程度越高，现代化观念越强，非农就业能力以及运用现代农业技术的能力就越强。政府在稳步推进农村基础教育的同时，还需要大力发展农村职业技术教育，培养新型现代化农民。着眼于适应产业结构调整和劳动力市场变化对人才的需求，提高农民的职业技能水平、财富创造能力及非农就业适应能力，帮助农民获得更多非农就业机会和非农收入，减少对土地的依赖。

第4章 农村劳动力迁移的主观福利效应评价

　　鉴于土地确权改革将引发农村劳动力向城市迁移，本章主要考察乡城迁移行为对迁移者主观幸福感的影响效应。大规模农村劳动力迁移已成为现阶段我国经济发展与社会变迁的主要驱动因素，对加快城镇化和工业化进程以及促进服务业发展做出重要贡献，同时还能够缓解农村"人多地少"的矛盾，提升农业生产效率和农民经营收益。与其他国家相比，我国农村人口的非农转移进程还远未完成。依据世界银行的统计数据，截至2016年底，我国城镇化率为56.8%，刚刚超出世界的平均水平53.6%，但要远低于美国、英国、日本和韩国等发达国家，以及巴西、马来西亚、俄罗斯和乌克兰等发展中国家的城镇化水平①，落后于经济发展水平类似国家约10个百分点（Lu and Wan，2014）。2014年3月颁发的《国家新型城镇化规划（2014-2020年）》指出，我国农村人口过多、农业水土资源紧缺，在城乡二元体制下，土地规模经营难以推行，传统生产方式难以改变，这是"三农"问题的根源。未来还需要继续农村人口的乡城迁移，以及推动城镇移民真正转化为"市民"。

　　值得重视的是，目前我国农村人口向城镇迁移的状况并不乐观。从宏观层面来看，尽管外出农民工总量仍在增加，但其增长速度已从2010年的5.7%逐年下降到2016年的0.3%②（图4-1），乡城迁移人口总量即将达到瓶颈。从微观层面来看，农村人口向城镇迁移的意愿并不强烈，有相当比例的农民工并不愿意在城镇落户。依据2016年4月6日中国社会科学院发布的"中西部农民向城镇转移意愿分布"的调查结果，大约有半数的农民并不想进城务工，有六成以上的农民工

---

　　① 数据来源于世界银行数据库 https://data.worldbank.org.cn。美国的城镇化率为81.8%，英国的城镇化率为82.8%，日本的城镇化率为93.9%，韩国的城镇化率为82.6%，巴西的城镇化率为85.9%，马来西亚的城镇化率为75.4%，俄罗斯的城镇化率为74.1%，乌克兰的城镇化率为69.9%。

　　② 数据来源于《2016年国民经济和社会发展统计公报》。

认为到了一定年龄就要回乡①。另据 2015 年 12 月 28 日的中国之声报道：四川省统计局对成都、绵阳等九个城市进城务工人员的调查数据显示，近 53.8% 的受访者不愿意将农村户口转为城镇户口②。2011 年国家人口计生委组织的流动人口动态监测调查也显示了类似的结果：农村户籍的流动人口虽然大多表示愿意继续在城市生活，但约 60% 的受访者并不愿意转为非农户口（国家人口计生委流动人口服务司，2012）。农民工对落户城市顾虑很多，"农转非"遇冷。因此，对上述乡城迁移现象形成的原因给出客观解释，并通过政策影响来进一步扩大农村迁移人口规模具有重要的现实意义。Todaro 和 Smith（2011）指出，为了更好地研究农村人口的乡城迁移行为，以及用符合社会经济发展趋势的政策来影响这一过程，关键在于理解乡城迁移的原因、决定因素和后果，而"城镇移民从迁移过程中得到了什么"不仅仅是农民乡城迁移行为的具体表现结果，同时也是农民制定迁移决策的依据和关键决定力量。

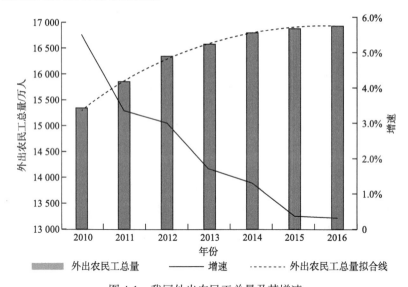

图 4-1　我国外出农民工总量及其增速

人口迁移理论认为，城乡工资差距是农村人口向城市迁移的内在动力，而且乡城迁移行为的收入增长效应也已经被众多的研究所证实（McKenzie et al.，2012；Bartram，2013；孙三百，2015）。近年来我国城市工资对劳动力流入拉力在整体上呈递减趋势（徐清，2012），工资差距对于增加农村劳动力供给的作用十分有限，涨薪可以吸引更多的农民外出打工，但难以延长他们在外地的打工时间（封进和张涛，2012）。事实上，随着社会经济发展和农民生活水平提高，收

---

① 新闻链接：中华网 http://news.china.com/domestic/945/20160426/22521374.html。
② 新闻链接：央广网 http://china.cnr.cn/yxw/20151228/t20151228_520955829.shtml。

入以外的因素（包括公共服务、社会保障和社会地位等）越来越被迁移群体所重视。因此，需要基于更为宽泛的层面测量迁移者的福利得失。从福利经济学角度来看，幸福感作为评价个体生活状况的客观效用和主观效用的综合指标，被认为能够全面且合理地衡量福利水平的高低（Frey and Stutzer，2002），尽管幸福感并不完全等同于效用函数，但它属于个人效用函数中的重要组成部分，幸福感的提升能够为个体带来更高的边际效应（Glaeser et al.，2014）。鉴于此，本章致力于规范评价迁移行为所导致的城镇移民的幸福感变化，进而为解释现阶段我国农村迁移人口增速减缓现象提供一个新的研究视角。

本章研究以幸福感比较和迁移影响幸福感的相关文献为基础。首先，关于对主观幸福感的研究逐渐形成的共识是，仅基于收入对福利进行测量是不充分的，它没有能够完整地反映出一个人的生活状态，客观福利和主观不幸福或挫折感可以共存（Stiglitz et al.，2009）。自 Easterlin（1974）开创性地使用主观报告的幸福感数据研究幸福感与经济增长、居民收入的关系后，福利经济学家进行了大量工作来发展和完善幸福感研究的理论框架。主流研究观点通常认为，尽管不同经济体的社会发展程度不同，但影响主观幸福感的关键变量是一致的（Dolan et al.，2008；Helliwell and Barrington-Leigh，2010）。由于人们评价幸福感是"自锚的"（self-anchoring），如何选择测量尺度并不会影响其对生活质量的评价。从心理学角度来说，幸福感的测量也是可靠的，且不同个体间的幸福感可进行比较（Diener et al.，2013）。特别地，Di Tella 和 MacCulloch（2006）认为，如果比较的是不同群体之间的幸福感，则由幸福感的人际比较所引发的问题可以得到缓解或消除。陆铭等（2014）也认为不应对主观幸福感的人际比较过于担心，如果这是个严重的问题，那么就不会使得基于不同数据库得到的估计结果与经济理论相一致。上述文献为进行不同时间、不同空间和不同群体之间的主观幸福感比较提供了有力的理论支撑。

在幸福感的经济学研究中，一个重要的分支是探讨迁移能否提高移民的主观幸福感。其中，多数文献关注跨国迁移行为对幸福感和生活满意度的影响，来自横截面数据的实证证据表明，尽管国际移民的物质福利水平有所提高，但通常伴随着主观幸福感的下降（Stillman et al.，2015；Bartram，2011；Betz and Simpson，2013），且结论会因移民的来源国和参照组不同而有所差异，如在以色列，来自西欧国家移民的幸福感要高于前苏联国家的移民（Amit and Litwin，2010），第一代移民的幸福感要高于第二代移民（Senik，2011）。与上述研究结论相比较，Nikolova 和 Graham（2015）在评估迁移行为对来自转型国家移民的福利影响时，发现迁移不仅带来收入增长，并且提高移民的主观幸福感和自由满意度，而仅有少量文献关注乡城迁移行为所引发的主观幸福感变化，Knight 和 Gunatilaka（2010）首次研究发展中国家乡城迁移与幸福感之间的关系，指出城镇移民的收入要远高于农村居民，但幸福感却低于农村居民，也低于城市居民。Akay 等（2012）的研究主要强调不同社会参照组和相对收入对城镇移民幸福感影响的重要性。这两篇文献没解决迁移带来的"自选择"问题，同时采用 OLS 法容易高估处理效应。孙三百和白金兰（2014）在考察迁移行为和户籍身份对城镇移民幸福感的影响时，利用平均处理效应方法解决迁移者和非迁移者之间的异质性问题，发现获取户籍的迁移行为并未降低幸福感，而未获取户籍的迁移行为则降低了移民幸福感，但研究的焦点是迁移者与原市民间的比较。通常来说，从因果推断角度评价乡城迁移行为对幸福感的影响效应时，最好的参照组应该是未迁移的农村居民（Bartram，2013），这也是现有研究没有能够解决的一个关键问题。

与已有文献相比较，本章的创新体现在以下方面：首先，利用倾向得分匹配法和混合横截面数据构建一组包括城镇移民与农村居民的"准实验"面板数据集，不但可以解决迁移的"自选择"问题，而且可用来考察迁移行为影响的动态过程；其次，将未迁移农村居民作为参照组，利用 DID 方程评价迁移行为对城镇移民幸福感的因果效应和异质性特征；最后，基于幸福感的期望水平理论（aspiration level theory）和回归调整方法，分离出由期望水平调整所导致的幸福感报告中的不可观测偏误，并实现对城镇移民幸福感变化的来源分析。

4.1　乡城迁移影响幸福感的理论框架与实证策略

4.1.1　乡城迁移影响幸福感的理论机制

乡城迁移的收入增长效应已经被众多研究所证实。相关研究发现，尽管迁移者的收入要远高于农村居民，但幸福感却低于农村居民（Knight and Gunatilaka，2010）。针对收入和幸福感没有同步提高这一现象，Diener 等（1999）指出，迁移者的期望水平超过收入增长，这可能导致迁移带来的收入增加没有带来幸福感的同步提高。迁移带来参照系、环境和社会关系的变化，这可能影响迁移者对幸福水平的自我评价（Bartram，2010）。另外，收入仅仅是影响幸福感的因素之一（刘军强等，2012），当城镇移民从农村迁移到城镇之后，其所处的生活环境发生了巨大的变化，这可能会对其他幸福感影响因素造成影响，进而影响城镇移民的幸福感。鉴于此，本章从收入和非收入因素两个方面对城乡迁移影响幸福感的理论机制进行梳理。

1. 乡城迁移影响幸福感的收入传导路径：基于期望水平理论视角

期望水平理论认为，收入增加与期望水平的上升紧密相关，即随着时间的推移，个体的期望会调整以适应于较高的收入水平。例如，增加的商品与服务在初始时会带来额外的快乐，但幸福感会随着商品与服务的持续消费而逐渐消失（称为享乐适应），这使得人们的期望水平越来越高。在该理论框架下，个体的效应函数将随着收入提高（期望上升）而向右下方移动，导致收入对幸福的边际效应不明确。图 4-2 给出了收入变化影响期望水平的直观解释（Bruno and Alois，2002），横轴为收入，纵轴为幸福感。若假定收入增加在短期内确实能够提升幸福感，且满足边际效应递减规律，则收入效用函数为单调递增的凹函数（参见图 4-2 中的效用曲线 A_L、A_M 和 A_H）。在给定期望水平的情况下，收入增加将沿着特定的效用曲线提升幸福感，如曲线 A_L 上 a 点、b 点和 c 点所显示的移动路径。这一变化仅适用于固定的时间点，随着时间的推移，期望会调整以适应更高的收入水平，导致效用曲线向下移动[1]，如果效用曲线向下移动得足够多，那么收入增加并不一定能够提升主观幸福感。例如，收入 Y_1 在初始状态下所对应的效用曲线为 A_L，个体幸福感为 a 点所对应的 H_1，当收入从 Y_1 增长到 Y_2 且伴随效用曲线从 A_L 下移到 A_M，个体幸福感（d 点对应于 H_1）并未发生变化。若效用曲线进一步下移到 A_H，那么收入 Y_2 所带来的幸福感（g 点对应于 H_0）甚至要低于初始状态下 Y_1 所对应的幸福感。效用曲线向下移动幅度的大小，主要取决于个体在报告幸福感的前后时点社会经济环境和对比参照组的变化情况。通常来说，外部环境变化越剧烈，效用曲线移动的幅度越大。

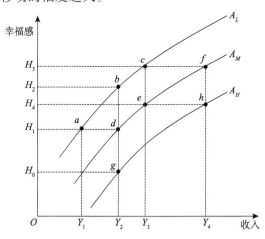

图 4-2　幸福感、收入与期望水平调整关系

① 当个体对"理想状态"的期望越高时，相同收入水平所带来的幸福感就会越低，这将表现为个体的效用函数向下移动。在图 4-2 中，效用曲线 A_L、A_M 和 A_H 所对应的个体期望水平依次递增。

期望水平调整使得城镇移民在不同时期所报告的主观幸福感不具可比性。比方说，在收入为 Y_1 时，迁移者是基于效用曲线 A_L 报告的幸福感 H_1；在收入为 Y_3 时，是基于效用曲线 A_M 报告的幸福感 H_4；而在收入为 Y_4 时，是基于效用曲线 A_H 报告的幸福感 H_4。因此，我们在现实中观测到的收入与幸福感关系变化的可能组合是 a 点、e 点和 h 点，即高收入水平与高幸福感相对应，但收入上升带来的幸福感提升要远小于给定效用曲线时幸福感的提高。这一不可观测的主观原因将导致城镇移民在迁移之后报告的主观幸福感系统地低于迁移之前所报告的主观幸福感，而本章的主要贡献之一就是对这一系统偏误进行修正。

2. 乡城迁移影响幸福感的非收入因素传导路径

除收入因素外，外在生活环境无疑会影响迁移者的幸福感（刘靖等，2013）。Frank（1999）指出，个人所处的外在环境变化超过一个临界值，那么收入的提高并不必然导致幸福感的提升，生活环境确实会对幸福感产生影响。当城镇移民从以"差序格局"为特征的乡土社会和熟人社会进入城市社会后，其所处生活环境发生剧烈变化，社会参照组也转向城市居民，而且其自身的生活方式和思想观念在短时间内可能难以适应城市社会。另外，中国的城市化进程已经形成城市内部的社会分割，即形成城市内部户籍人口和非户籍人口的"新二元结构"（陈斌开等，2010）。相比于城市居民，没有本地城市户籍的城镇移民在公共服务、劳动力市场等方面受到差别化的待遇。这可能影响到城镇移民收入以外的幸福感决定因素，导致城镇移民的幸福损失。换句话说，城镇移民的收入增长可能是以牺牲其他福利指标为代价的，这可能是导致其幸福损失的另一重要原因。在现有文献中，张雅欣和孙大鑫（2019）的研究发现，人口迁移从地理环境、社会关系和文化适应等方面重新塑造个体主观社会地位，新流入人群由于缺乏地理适用性、社会资本和文化传统的优势，相较于本土居民，更容易产生巨大的落差和来自当地的隔阂，这会对迁移者的幸福感造成不利影响。祝仲坤等（2019）的分析表明，社会交往是迁移行为影响农民工主观幸福感的重要渠道，跨省迁移、孤身外出的农民工面临着社会交往的困境，导致主观幸福感偏低。

基于上述理论分析，本章拟从收入因素和非收入因素两个方面检验迁移行为影响城镇移民幸福感的传导路径。一方面，乡城迁移提高城镇移民的收入，但城镇移民期望水平的提高，导致收入增加对幸福感的提高效应减弱；另一方面，乡城迁移改变城镇移民的生活环境、社会关系等其他幸福感决定因素，从而影响城镇移民的幸福水平。

4.1.2　研究难点与数据重构

移民与未迁移者的个体特征（风险偏好、能力和动机等）存在较大差异，如城镇移民对未来的期望可能更高，并且对风险厌恶更低（Czaika and Vothknecht，2014），因此"自选择"问题是评估迁移行为影响幸福感的一个主要问题（Mckenzie，2012）。此外，反向因果关系也是一个需要关注的问题，如尽管迁移行为可能影响福利，但对生活不满意的人更倾向迁移（Graham and Markowitz，2011；Cai et al.，2014；Chindarkar，2014）。而且，如果迁移的成本过高，那么经济状况相对较好的个体更有可能实现迁移。因此，仅使用一年的横截面数据无法评估迁移前后幸福感的动态变化，也无法对幸福感变化的来源进行解释。

由于缺乏追踪移民在迁移前后的平衡面板数据，本章借鉴 Nikolova 和 Graham（2015）的研究思路，利用可获得的混合横截面数据以及倾向得分匹配法，构造一个两期的"准实验"平衡面板数据。这个合成面板数据可以看作具有相似个体特征的城镇移民和农村居民在迁移前后的样本观测值。数据重构的具体过程由图 4-3 给出。

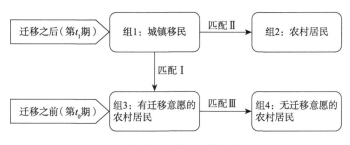

图 4-3　"准实验"平衡面板数据构造示意图

数据重构的第一步是对混合横截面数据进行分组。首先，利用居民户籍和居住地信息从第 t_1 期样本中选择两组：组 1 表示城镇移民（户籍在农村，居住地在城镇），组 2 表示农村居民（户籍和居住地均在农村）；其次，利用是否具有迁移意愿信息将第 t_0 期的农村样本划分为两组：组 3 表示有迁移意愿的农村居民，组 4 表示无迁移意愿的农村居民。

数据重构的第二步是对四组样本依顺序进行三次匹配。匹配 I 是将组 1 作为处理组，处理变量为"是否迁移"，从组 3 中为每个城镇移民挑选或构造一个有迁移意愿的农村居民[①]，并将其称为迁移之前的"迁移者"，即将匹配样本作为

---

① 将组 3 定义为有迁移意愿的农村居民，不仅能够保证将组 3 中的匹配样本作为组 1 中样本的前期观测值的合理性，同时"是否具有迁移意愿"变量也是后续的匹配 III 能够实现的关键。

城镇移民的前期观测值，这一匹配过程也可视为有迁移意愿的农村居民的迁移实现过程。本章认为这一设定是合理的，因为迁移计划可以作为实际迁移的良好预测（Creighton，2013）。在此之后，再分别为迁移之前的"迁移者"和迁移之后的迁移者匹配未进行迁移的对照组。匹配 II 是将组 1 作为处理组，处理变量同样为"是否迁移"，从组 2 中为每个城镇移民匹配一个同期的具有类似个体特征的非迁移者。匹配 III 是将组 3 作为处理组，处理变量为"是否具有迁移意愿"，从组 4 中为迁移之前的"迁移者"匹配一个具有类似个体特征的非迁移者，并将基于组 4 获得的匹配样本作为基于组 2 获得的匹配样本的前期观测值。通过三次匹配，我们构造出一个两期"准实验"平衡面板数据集，分别是城镇移民在迁移前后的面板数据以及与之相匹配的农村居民在相同时期的面板数据，这保证移民与未迁移者具有相似的个体特征。

4.1.3　实证策略

基于合成的两期"准实验"面板数据，本章利用 DID 方法来评估迁移行为对幸福感的影响。该方法的基本逻辑是，如果没有发生迁移事件，则结果变量由两部分因素决定：一部分是不随时间变化的组内效应（即个体固定效应）；另一部分是对两个组都相同的时期效应（即共同趋势）。通过在时间维度上差分，可以剔除掉两组样本中的组内效应。如果迁移行为导致迁移组的时期效应显著异于未迁移组的时期效应，则两者的差就是迁移对结果变量的净效应。DID 方程的一般形式为

$$y_{it} = \alpha_0 + \alpha_1 \text{migrant}_{it} + \alpha_2 \text{time}_{it} + \delta_1 \text{DID}_{it} + \alpha_3 X_{it} + \varepsilon_{it} \tag{4-1}$$

其中，y_{it} 表示个体 i 在时期 t 的结果变量；migrant_{it} 表示迁移与否的虚拟变量，$\text{migrant}_{it} = 1$ 代表迁移组，$\text{migrant}_{it} = 0$ 代表未迁移组；time_{it} 表示时期虚拟变量，$\text{time}_{it} = 1$ 代表迁移之后时期，$\text{time}_{it} = 0$ 代表迁移之前时期；迁移虚拟变量 migrant_{it} 和时期虚拟变量 time_{it} 的乘积定义为 $\text{DID}_{it} = \text{migrant}_{it} \times \text{time}_{it}$，称为 DID 变量；$X_{it}$ 表示其他外生解释变量；ε_{it} 表示误差项，满足条件 $E(\varepsilon_{it} | \text{migrant}_{it}, \text{time}_{it}) = 0$。参数 α_2 表示未迁移组的时期效应，$\alpha_2 + \delta_1$ 表示迁移组的时期效应，因此，参数 δ_1 即迁移对结果变量影响的因果效应，是本章关心的核心参数。

本章使用的数据是基于匹配方法获得的"准实验"面板数据，因此，能够保证迁移者和非迁移者之间的同质性和共同趋势假定成立。还需要指出的是，由于主观幸福感为有序变量，理论上使用有序选择模型和极大似然估计方法更为合适，但该模型对交互项系数的解释较为复杂（Ai and Norton，2003）。鉴于此，本章使用 OLS 对式（4-1）进行估计，估计结果与有序选择模型的极大似然估计结果在方向和显著性方面具有一致性（Ferrer-i-Carbonell and Frijters，2004）。

4.2　数据来源及描述性统计

本章所使用的城镇移民和农村居民调查数据来源于 CGSS 数据集。CGSS 是由中国人民大学中国调查与数据中心负责执行的全国性综合调查项目，调查领域包括社会、社区、家庭和个人等多个层次，调查内容涉及中国居民的经济活动、福利状况、教育、人口迁移和健康等诸多主题。目前，该数据集已成为研究中国经济和社会发展问题的最主要微观数据来源之一。

本章选择 2010 年和 2013 年作为考察城镇移民在迁移前后幸福感变化的时间点。这一选择的主要依据是在 2010 年 CGSS 农村模块问卷中包括农村居民的城镇迁移意愿问题①，该问题是本章使用匹配方法构建合成面板数据的关键。对于 2013 年数据，将居住在城镇地区且为农业户籍的被调查者视为城镇移民，并且将居住在农村地区且为农业户籍的被调查者视为未迁移者。对于 2010 年数据，我们仅关注户籍和居住地均在农村地区的被调查者，并依据是否具有迁移意愿将样本区分为两组。剔除缺失关键指标信息的样本，以及个人年收入大于 25 万元、家庭总收入大于 50 万元、年龄小于 18 岁和大于 65 岁的样本。最后识别出 2013 年无户籍的城镇移民样本 869 个，2013 年未迁移农村居民样本 2 681 个，2010 年具有城镇迁移意愿的农村居民样本 333 个，无城镇迁移意愿的农村居民样本 2 518 个。表 4-1 中给出了四组样本的结果变量均值及其差异的统计描述。

表 4-1　四组样本的结果变量均值及其差异的统计描述

指标名称	迁移组			非迁移组			DID 结果
	组 1	组 3	组 1-组 3	组 2	组 4	组 2-组 4	
主观幸福感	3.724	3.820	-0.096^{*}	3.746	3.675	0.071^{***}	-0.167^{***}
个人年收入/万元	2.735	1.506	1.229^{***}	1.156	0.784	0.372^{***}	0.857^{***}
家庭总收入/万元	5.897	3.805	2.092^{***}	3.142	2.135	1.007^{***}	1.085^{***}

*和***分别表示在 10%和 1%水平上显著

注：组 1 表示 2013 年城镇移民样本，组 3 表示 2010 年有迁移意愿的农村居民样本，组 2 表示 2013 年农村居民样本，组 4 表示 2010 年无迁移意愿的农村居民样本；主观幸福感变量取值：非常幸福=5，比较幸福=4，一般=3，比较不幸福=2，非常不幸福=1；对 2013 年的个人年收入和家庭总收入数据，利用 2010 年为基期的城镇和农村居民消费价格指数平减；DID 结果定义为组 1 与组 3 的差值减去组 2 与组 4 的差值

---

① 在 2010 年 CGSS 农村模块问卷中与迁移意愿有关的两个问题如下："未来 5 年，您是否计划到城镇？"和"未来 5 年，您是否计划到城镇建房或者购房？"。在两个问题中只要有一个问题回答"是"，就将其视为具有城镇迁移意愿。并剔除拒绝回答、回答不知道和缺失的样本。

表 4-1 的统计结果显示，2013 年城镇移民（组 1）与 2010 年有迁移意愿的农村居民①（组 3）的结果变量均值具有显著差异，其中，主观幸福感下降了 0.096，而个人年收入和家庭总收入分别提高了 1.229 万元和 2.092 万元，但结果变量的变化并非完全来自迁移行为，它可能是由迁移行为和其他因素共同作用的结果。表 4-1 中的第 7 列验证了这一推断，对于无迁移行为的农村居民而言，2013 年农村居民（组 2）与 2010 年无迁移意愿的农村居民（组 4）的结果变量同样具有显著差异，主观幸福感上升了 0.071，个人年收入和家庭总收入分别提高了 0.372 万元和 1.007 万元。尽管目前我们还无法保证迁移组和非迁移组具有共同的时间变动趋势，但 DID 结果粗略揭示了一个基本事实：迁移行为对结果变量具有显著影响，且呈现出收入水平上升伴随主观幸福感下降的特征。此外，为实现图 4-3 中所要求的三次样本匹配，还需要确定影响农村劳动力迁移决策的解释变量，并考察其在各组间的差异情况。表 4-2 给出了四组样本的主要特征指标均值及其差异的统计描述。

表 4-2 四组样本的主要特征指标均值及其差异的统计描述

变量名称	迁移组		非迁移组		组 1-组 3	组 1-组 2	组 3-组 4
	组 1	组 3	组 2	组 4			
年龄	39.59	39.11	45.88	45.78	0.480	-6.290^{***}	-6.670^{***}
性别	0.516	0.550	0.504	0.503	-0.034	0.012	0.047
健康情况	4.002	3.895	3.688	3.535	0.107^{*}	0.314^{***}	0.360^{***}
本人教育水平	8.915	7.432	6.231	5.665	1.483^{***}	1.794^{***}	1.767^{***}
普通话和英文水平	2.528	2.360	2.167	2.045	0.168^{***}	0.361	0.315^{***}
对"在哪里居住是个人自由"的看法	3.829	3.571	3.596	3.523	0.258^{***}	0.233^{***}	0.048
对未来的期望	1.371	1.685	1.088	1.128	-0.314^{***}	0.283^{***}	0.557^{***}
父亲教育水平	5.168	4.535	3.373	2.826	0.633^{**}	1.795^{***}	1.709^{***}
家庭人数	3.502	4.276	4.176	4.109	-0.774^{***}	-0.674^{***}	0.167^{*}
14 岁时家庭所处社会阶层	3.139	2.808	2.614	2.383	0.331^{***}	0.525^{***}	0.425^{***}

*、**和***分别表示在 10%、5% 和 1% 水平上显著

注：①性别变量取值：男性=1，女性=0；②健康情况：很健康=5，比较健康=4，一般=3，比较不健康=2，很不健康=1；③普通话和英文水平定义为普通话听、说能力和英语听、说能力 4 个变量的均值，每个变量的取值都在 1 到 5 之间，1 表示最低，5 表示最高；④对"在哪里居住是个人自由"的看法问题回答：非常同意=5，比较同意=4，一般=3，比较不同意=2，非常不同意=1；⑤"对未来的期望"变量定义为预期 10 年后的社会阶层减去当前社会阶层的差值；⑥"14 岁时家庭所处社会阶层"变量取值为 1~10 的整数，1 表示最低，10 表示最高

从表 4-2 中可以看出，无论是在迁移前后的不同时点还是在迁移者和非迁移

---

① 本章将有迁移意愿的农村居民视为迁移之前的"移民"。

者之间，个体特征指标均呈现出显著的差异性，这为确定影响迁移决策的解释变量提供数据支持。为节省篇幅，关于各解释变量选择依据及其对迁移决策影响的解释在 4.3 节给出。需要特别注意的是，乡城迁移是农民的"自选择"行为，表 4-1 中结果变量的统计差异性有可能不是迁移的必然结果，因此，需要建立因果关系推断来检验迁移行为对城镇移民的主观幸福感和收入的影响效应。

4.3　乡城迁移行为的福利效应及异质性分析

4.3.1　乡城迁移决策方程估计

为推断乡城迁移行为对结果变量（主观幸福感和收入水平）的因果效应，本节依照图 4-3 定义的次序对样本进行匹配，从而构建"准实验"面板数据。其中，协变量的选择是估计倾向得分，并实现精准匹配的关键。在理想状态下，协变量必须同时影响结果变量和处理变量（迁移行为），且协变量不能够被处理变量所影响（Smith and Todd，2005）。Heckman 等（1997）指出，在倾向得分估计中包括少量不相关的变量，对最终结果不会有太大影响，但是缺失重要解释变量则会导致严重的偏差，安格里斯特和皮施克（2012）指出，加入某些（重要但却不可观测）变量的代理变量作为控制变量，尽管仍然无法得到我们感兴趣的参数，但相比于没有加入该变量，模型的估计结果会得到改善。受到微观调查数据集的限制，估计倾向得分的协变量是有限的，Caliendo 和 Kopeinig（2008）建议协变量的选择要基于经济理论和前人的研究经验。鉴于此，本节基于人力资本迁移理论和新劳动力迁移理论，借鉴基于倾向得分匹配法研究迁移行为的相关文献（孙三百等，2012；Nikolova and Graham，2015），所选择的协变量见表 4-2。并利用 Logit 模型构建农村劳动力迁移的决策方程，具体形式由式（4-2）给出：

$$\ln \frac{p_i}{1-p_i} = \beta_0 + \beta_1 age_i + \beta_2 male_i + \beta_3 edu_i + \beta_4 health_i + \beta_5 language_i + \beta_6 free_i$$
$$+ \beta_7 future_i + \beta_8 fedu_i + \beta_9 family_i + \beta_{10} rank14_i + \mu_i$$

$$(4\text{-}2)$$

其中，$i = 1, 2, \cdots, n$ 表示个体，$p_i = P(migrant_i = 1 | X_i)$ 为个体 i 选择乡城迁移的条件概率[①]。解释变量向量 X 包括人力资本变量：年龄（age）、性别（male）、健

　　[①] 根据 Logit 模型的建模估计的一般思路，利用可观察变量 migrant 作为被解释变量，实现对方程（4-2）的参数估计。

康情况（health）、本人教育水平（edu）及普通话和英文水平（language）；性格特征变量包括对"在哪里居住是个人自由"的看法（free）和对未来的期望（future）；家庭特征变量包括父亲教育水平（fedu）、家庭人数（family）以及14岁时家庭所处社会阶层（rank14）。三次倾向得分匹配的Logit模型估计结果由表 4-3 给出。

表 4-3　三次倾向得分匹配的 Logit 模型估计结果

指标类型	变量名称	匹配 I 方程	匹配 II 方程	匹配 III 方程
人力资本	年龄（age）	−0.009	−0.015***	−0.048***
	性别（male）	−0.264*	−0.090	−0.179
	健康情况（health）	−0.011	0.056	0.053
	本人教育水平（edu）	0.084***	0.126***	0.138***
	普通话和英语水平（language）	−0.035	0.215**	0.802***
性格特征	对"在哪里居住是个人自由"的看法（free）	0.156**	0.103**	0.178***
	对未来的期望（future）	−0.156***	0.066***	0.212***
家庭特征	父亲教育水平（fedu）	−0.010	0.022*	0.044***
	家庭人数（family）	−0.338***	−0.324***	−0.318***
	14 岁时家庭所处社会阶层（rank14）	0.045	0.055**	0.146***
统计检验	调整 R^2	0.083	0.121	0.221
	LR 统计量	117.88	470.75	835.65
	样本容量	1 202	3 525	3 357

*、**和***分别表示在10%、5%和1%水平上显著

注：①匹配 I 是将 2013 年城镇移民样本（处理组）与 2010 年有迁移意愿的农村居民样本（对照组）进行匹配；匹配 II 是将 2013 年城镇移民样本（处理组）与 2013 年农村居民样本（对照组）进行匹配；匹配 III 是将 2010 年有迁移意愿的农村居民样本（处理组）与 2010 年无迁移意愿的农村居民样本（对照组）进行匹配。②在匹配 I 中，为保证 2013 年城镇移民与 2010 年有迁移意愿的农村居民的年龄变量能够精准匹配，本节将 2013 年城镇移民的年龄减 3 后，加入回归方程中

1. 人力资本变量对乡城迁移行为的影响

人力资本迁移理论将迁移视为一种人力资本的投资方式，而迁移行为则是根据迁移的成本与收益比较做出的效用最大化决策（Schultz，1961）。通常来说，劳动力的人力资本水平越高，越难以在农村中找到合适的工作，相反，在城镇获取非农就业的机会越大、就业层次也越高，因此越倾向向城镇迁移。本人教育水平与普通话和英语水平变量是反映人力资本的重要指标，表 4-3 的估计结果显示人力资本水平提高农村居民乡城迁移意愿，并提高实际乡城迁移行为发生的可能

性。此外，年轻人相对于年长者来说更愿意选择迁移，因为年轻人可以通过更长时期的迁移来获得更多的收益（Lall et al.，2006），而年龄较大的农村劳动人口由于在劳动力市场中处于相对不利地位，更不愿意或者相对来说更没有能力迁移到城市定居（陶树果等，2015）。健康情况变量的系数在三个匹配方程①中均不显著，主要原因在于健康情况好的劳动力更多是在体力劳动方面具有相对优势，而从目前的劳动力市场结构来看，在城镇从事体力劳动还是在农村从事农业生产的工资差距已经越来越小，因此，身体健康的劳动力并不一定具有更强的乡城迁移意愿或者迁移概率。

2. 性格特征变量对乡城迁移行为的影响

性格特征变量对迁移行为的影响也与预期基本相符。通常来说，陌生的外部生活环境会降低人们的安全感和舒适度，但其影响强弱与人们适应能力有关，适应能力越强则影响程度越弱。对"在哪里居住是个人自由"的看法的同意度越高，表明离开家乡的不舒适感对个体的束缚越弱，因此，迁移的可能性就越大。对未来较高的期望也是迁移的重要原因，迁移是对未来抱有高期望人群的"自选择"过程（Czaika and Vothknecht，2014），匹配Ⅱ和匹配Ⅲ方程中的实证结果验证了这一观点。需要指出的是，在匹配Ⅰ中，对未来的期望变量对迁移具有显著负向影响，但这一结果并不矛盾。这是由于匹配Ⅰ是将 2013 年的城镇移民与 2010 年具有迁移意愿的农村居民进行匹配，并将后者看作前者的前期观测值，因此，匹配Ⅰ中的因变量实际上代表有迁移意愿的农村居民实现其迁移意愿的可能性。基于上述事实，本节将这一负向影响解释为，对未来期望越高的潜在移民在实现迁移的过程中，所能够选择的迁移机会就越小。

3. 家庭特征变量对乡城迁移行为的影响

新劳动力迁移理论（Stark，1991）认为迁移决策并不完全取决于迁移者本身，更多是由其家庭共同决定的。因此，家庭特征变量也会影响劳动力的乡城迁移。其中，父亲教育水平和 14 岁时家庭所处社会阶层变量用来反映家庭的文化资本、经济能力和社会资本情况，子女在优质的家庭文化资本影响下，更有可能通过迁移实现向上流动（孙三百等，2012），而且家庭的经济资本和社会资本越高，迁移成员越能够在城镇中获取更好的发展机会，工作搜寻的时间成本和经济成本也更低，更倾向从农村迁移到城镇。表 4-3 结果显示，两个变量对迁移意愿和迁移行为均具有显著的正向影响。此外，家庭人数变量在三个方程中对迁移概率均具有显著的负向影响。新劳动力迁移理论在迁移和未迁移的家庭成员之间构

_____

① 指与表 4-3 对应的匹配Ⅰ、匹配Ⅱ、匹配Ⅲ方程。

建一种共同保险系统：一方面是家庭对迁移者的支持，如分担迁移成本、对迁移家庭成员在目的地遇到的困难给予帮助；另一方面是迁移者对家庭的回馈，如给家庭汇款、帮助家庭实现整体迁移。鉴于此，家庭人数可以看作迁移保障和迁移成本的综合度量指标。从目前我国的实际情况来看，农村向城市迁移的劳动力通常是家庭中最重要的优质劳动力，因此迁移者对家庭的回馈效应占主导地位，即家庭的人口数量越多则迁移成本越高，迁移的可能性就越低。

4.3.2 匹配质量检验

获得三个匹配方程参数的极大似然估计结果后，就可以利用可观测解释变量来计算劳动力迁移概率 p_i 的拟合值，即倾向得分。需要注意的是，倾向得分估计的主要目的是平衡处理组和对照组之间解释变量的分布，而不是精确预测农村劳动力迁移概率。因此，在样本匹配完成后，本章进一步检验了每次匹配的样本间解释变量差异的统计显著性，平衡性检验结果由表 4-4 给出。

表 4-4　倾向得分匹配前后解释变量的平衡性检验结果

匹配方法		伪 R^2	LR 统计量	标准化偏差	样本损失	共同支撑域条件
匹配 I	匹配前	0.083	117.88***	23.6%	25	处理组倾向得分区间：[0.071, 0.965] 对照组倾向得分区间：[0.155, 0.920] 共同支撑域：[0.155, 0.920]
	匹配后	0.006	14.03	5.3%		
匹配 II	匹配前	0.119	460.72***	36.2%	5	处理组倾向得分区间：[0.019, 0.834] 对照组倾向得分区间：[0.005, 0.812] 共同支撑域：[0.019, 0.812]
	匹配后	0.003	5.97	3.1%		
匹配 III	匹配前	0.226	852.95***	59.3%	0	处理组倾向得分区间：[0.026, 0.734] 对照组倾向得分区间：[0.001, 0.969] 共同支撑域：[0.026, 0.734]
	匹配后	0.020	45.96***	10.1%		

***表示在 1%水平上显著

注：共同支撑域是处理组倾向得分区间和对照组倾向得分区间的重叠区间。如果两组样本的重叠区间过窄，则处于共同支撑域之外的处理组样本无法实现有效匹配，导致过多的样本损失

表 4-4 中的检验结果显示，匹配 I 和匹配 II 后标准化偏差分别降低到 5.3%和 3.1%，即平衡了处理组和对照组变量之间的分布。其中，LR 统计量的显著性表明，解释变量的联合显著性检验在匹配之前是高度显著的，而在匹配之后均被拒绝；伪 R^2 值也大幅下降，其中，匹配 I 方程从匹配前的 0.083 下降到匹配后的 0.006，匹配 II 方程从匹配前的 0.119 下降到匹配后的 0.003。此外，两方程的倾向得分区间具有相当大范围的重叠，样本损失值占样本总量的比例较小，共同支撑域条件是令人满意的。在匹配 III 中，标准化偏差、LR 统计量和伪 R^2 都有了大幅下降，但是 LR 统计量仍然显著。为了进一步评估匹配 III 的匹配质量，图 4-4 中给出了匹配前后处理组和控制组倾向得分的经验密度图。

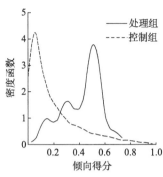 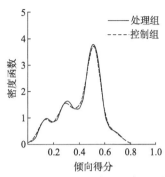

（a）匹配Ⅲ中样本匹配前倾向得分的经验密度图　（b）匹配Ⅲ中样本匹配后倾向得分的经验密度图

图 4-4　匹配Ⅲ中样本匹配前和匹配后倾向得分的经验密度图

从图 4-4 中可以看出，匹配Ⅲ没能够完全平衡数据的原因在于，处理组和对照组样本在迁移意愿方面具有严重的异质性特征。在匹配之后，两组样本的倾向得分的密度函数几乎重合，此时可以近似地将两组样本看作来自同一总体的两次随机抽样。此外，为保证实证结果的稳健性，本章进一步在 DID 回归方程中加入外生解释变量对样本差异特征进行控制。至此，由组 1 至组 4 合成得到两期平衡面板数据，其中，迁移组和非迁移组分别包含 839 个样本（在三次匹配中共损失 30 个样本观测值）。

4.3.3　城乡迁移行为的福利效应推断

表 4-5 中给出了基于 DID 方程（4-1）估计得到的城乡迁移行为的福利效应，为验证估计结果稳健性，在结果 Ia～结果 Ic 中没有加入控制变量，而在结果 Ⅱa-结果 Ⅱc 中加入控制变量。本章使用的是合成的两期"准实验"面板数据，因此，DID 方法所要求的处理组和参照组之间的同质性假定与共同趋势假定成立。

表 4-5　城乡迁移行为福利效应的估计结果

变量指标	结果 Ia	结果 Ib	结果 Ic	结果 Ⅱa	结果 Ⅱb	结果 Ⅱc
因变量	主观幸福感	个人年收入	家庭总收入	主观幸福感	个人年收入	家庭总收入
migrant	0.069***	0.567***	1.567***	0.079***	0.538**	1.635***
time	0.040***	0.385***	1.140***	0.025 1***	0.387***	1.064***
DID	−0.175***	0.626***	0.652***	−0.190***	0.847***	0.717***
协变量	否	否	否	是	是	是
样本量/个	3 356	3 356	3 356	3 356	3 356	3 356
Pseudo R^2	0.014	0.143	0.184	0.112	0.318	0.296

和*分别表示在 5%和 1%水平上显著

注：①对于迁移组 migrant=1，对于非迁移组 migrant=0；②time=1 表示迁移之后的时间点（2013 年），time=0 表示迁移之前的时间点（2010 年）；③定义 DID=migrant×time，用来评价迁移行为对迁移者福利影响的净效应；④协变量与倾向得分匹配方程的解释变量相同，为节省篇幅，本章没有给出其参数的估计结果

从表 4-5 中可以看出，是否加入控制变量对本章所关心的核心变量（DID）系数估计结果的大小和显著性影响不大，这表明实证结果是稳健的。其中，乡城迁移行为显著提高城镇移民的收入水平，个人年收入和家庭总收入的增长效应分别为 0.626 万元和 0.652 万元[①]，进一步验证获取更高收入是城镇移民选择迁移的主要动机（孙三百，2016）。乡城迁移降低了城镇移民的主观幸福感，负向增长效应为 -0.175，且在 1% 水平上统计显著。乡城迁移行为的收入增长与幸福损失效应并存。在中国现阶段，收入与居民幸福感之间具有一定的正相关（邢占军，2011），但不可忽略的是，相对于个体的绝对收入水平，相对收入是影响个体幸福感的更重要的因素。Akay 等（2012）指出，当个体被问到幸福感如何时，他一定会考虑到周围其他人的生活状况，并将之与自己的生活状况对比，进而给出一个综合评价。正如图 4-2 所分析的，迁移行为改变城镇移民的社会参照组，城镇移民（没有城市户籍）和城市居民的收入存在明显差异，除了前者的人力资本和社会资本存在欠缺之外，还存在来自劳动力市场的歧视待遇，这可能是导致城镇移民的幸福感未能随收入增加而提高的另一重要原因。此外，幸福经济学的一个共识是收入仅仅是影响幸福感的因素之一，如果收入增加是以其降低其他幸福构成因素为代价，那么我们就能够对迁移所带来的收入增加和主观幸福感下降这一"悖论"给出合理解释。

相对于收入，主观幸福感是对个人生活状态的更为综合的反映，Oswald 和 Wu（2010）认为幸福感包括了"生活质量的真正信息"。对于大多数人来说，幸福即使不是生活的唯一目标，也是最主要的目标（Ng，1996）。李树和陈刚（2015）进一步指出，幸福不但是人们生活的最主要目标，而且是影响人们行为的重要因素。因此，城镇移民幸福感水平的下降不仅仅是乡城迁移行为的表现结果，同时其示范效应也是导致农村居民乡城迁移意愿普遍不高的重要原因。

4.3.4　乡城迁移行为福利效应的异质性分析

为进一步理解乡城迁移行为对不同类型群体的福利效应的影响，本章依据城镇移民的个体特征和迁移类型对样本进行分组，其中，移民的个体特征包括教育水平、年龄和性别，迁移类型包括迁移地区、迁移方式[②]和居住时间。具体分组标准和 DID 回归结果由表 4-6 给出。

---

① 为简化表述，本章以结果 Ia~结果 Ic 作为基准估计结果展开讨论。
② 迁移方式是依据城镇移民的户口登记地进行分类的，本地迁移是指户口登记地在本区（县/市）之内，外地迁移是指户口登记地在本区（县/市）之外。删掉了有关户口登记地问题回答缺失的样本。

表 4-6　迁移行为福利效应的异质性分析

分组类型		主观幸福感		个人年收入		家庭总收入	
		均值	因果效应	均值	因果效应	均值	因果效应
教育水平	小学及以下	3.663	−0.106*	1.797	0.302*	4.516	0.085
	初中及以上	3.742	−0.198***	2.968	0.736***	6.263	0.846***
迁移地区	东部地区	3.690	−0.227***	3.406	1.201***	7.124	1.729***
	中西部地区	3.748	−0.131	2.065	0.154	4.746	−0.231
迁移方式	外地迁移	3.689	−0.221***	3.126	0.954***	6.562	1.226***
	本地迁移	3.745	−0.142***	2.333	0.382***	5.245	0.204
居住时间	小于等于 5 年	3.685	−0.206***	2.843	0.627***	6.376	1.005***
	大于 5 年	3.696	−0.224***	3.110	1.029***	6.234	1.013***
年龄	1980 年后出生	3.750	−0.190***	2.918	0.537***	6.624	0.794***
	1980 年前出生	3.708	−0.167***	2.544	0.670***	5.491	0.581***
性别	男性	3.712	−0.185***	3.476	1.451***	6.055	0.930***
	女性	3.733	−0.164***	1.787	−0.275**	5.557	0.349

*、**和***分别表示在 10%、5%和 1%水平上显著

注：主观幸福感、个人年收入和家庭总收入均值是利用 2013 年城镇移民样本基于不同分类标准计算得到的，其中，个人年收入和家庭总收入的单位为万元；因果效应是利用 2013 年的城镇移民的分组样本与其匹配样本的 DID 回归计算得到的

1. 基于迁移者教育水平分类的异质性分析

教育水平是重要的人力资本变量，其不仅对农村居民的乡城迁移意愿具有显著作用，同时也是影响城镇移民在城市的工作条件和经济状况的重要因素之一（Amare et al.，2012）。通常来说，具有较高教育水平的城镇移民能够更好地适应非农就业岗位要求，也更有动力实现其人力资本的积累和提升，因此，迁移对高教育水平移民收入增长的因果效应更加显著。但值得注意的是，高教育水平移民的主观幸福感的下降幅度也更大。表 4-6 的结果显示，对于小学及以下学历的移民，乡城迁移对主观幸福感的负向因果效应为−0.106；而对于初中及以上学历的移民，乡城迁移对主观幸福感的负向因果效应扩大至−0.198。由于户籍壁垒和城市劳动力市场分割的存在，外来移民中的高教育水平劳动者更难获得与本地居民相同的进入高收入职业或岗位的机会，而低教育水平的外来居民面对较为低端的劳动力市场反而较少存在进入壁垒（陈钊等，2012），这导致高教育水平移民更容易感受到城市中户籍制度和相对应的福利制度的不合理性。此外，Cai 和 Du（2011）基于中国城市劳动调查的分组研究发现，低收入组别的农民工和城市居民间的工资差距有所缩小，但高收入组别却有所扩大。就业机会不均等和相对收入下降导致高教育水平移民主观幸福感的快速流失。

2. 基于迁移地区和迁移方式分类的异质性分析

我国城市化进程焦点不是农民在本地进城的问题，而是农民跨地区进城的问题，即向东部地区的迁移问题（陆铭等，2011）。为了考察跨地区进城对城镇移民福利的影响，本章分别基于迁移地区和迁移方式两个指标对样本进行分组。由于东部地区企业的劳动生产率始终高于中西部地区，农村劳动力向东部地区迁移符合社会经济发展规律和农民迁移决策的理性选择，故尽管迁移地区和迁移方式指标的内涵不同，但两者存在较强的相关性。对于中西部地区的农民而言，如果选择本地迁移则意味着向中西部地区迁移，如果选择外地迁移则更多意味着向东部地区迁移；对于东部地区农民而言，如无特殊原因，则很少会选择向中西部地区迁移。表 4-6 结果也显示，依据两种分组标准测算的因果效应呈现出相似特征，即向东部地区迁移/外地迁移的收入增长效应显著高于向中西部地区迁移/本地迁移，而向东部地区迁移/外地迁移的幸福感损失效应也要更大一些。诚然，在乡城迁移的初始阶段，收入和就业是影响劳动力地区流向的最重要因素，流动人口为了获得更高的收入，选择向东部地区迁移/外地迁移，但远离家乡同样会带来诸如人文地理环境差异、社交活动缺失和远离亲人所带来的孤独感等方面的心理问题，且随着人们生活水平的不断提高，此类心理成本在迁移者的主观幸福感评估中所占权重越来越大，这应该是导致向东部地区迁移/外地迁移具有更大幸福感损失效应的主要原因。因此，东部地区要发挥其人口集聚和经济集聚优势，需对城镇移民幸福感给予更多关注。

3. 基于居住时间分类的异质性分析

另一个需要关注的问题是，城镇移民在城市居住的时间更长是否会改善其福利状况？本章的研究结果显示，尽管家庭总收入的增长效应在两类样本间无显著差别，但个人年收入变量的水平值和增长效应会随着迁移时间的延长而增加，这意味着迁移者在一个城市居住的时间更久，能够促进其人力资本积累和职业岗位提升。此外，我们没有发现城镇移民幸福感随着居住时间延长而有所改善的证据。表 4-6 的结果显示，居住时间大于 5 年的迁移者的幸福感的负向因果效应（-0.224）甚至要略高于居住时间小于等于 5 年的迁移者（负向因果效应为-0.206）。不可否认，产生这一现象的部分原因可能在于，随着城镇移民收入水平和工作条件的提升，他们在进行主观幸福感评估时会调整其对比的社会参照组，从而感受到的相对剥夺效应更大。更为重要的是，这一结果表明由迁移所带来的负向心理成本并没有随着迁移时间的增加而逐渐消除，甚至有所恶化，城镇移民很难通过自身调整方式融入城市居民群体中。

4. 基于迁移者年龄和性别分类的异质性分析

基于城镇移民年龄分类的估计结果显示，两类城镇移民的收入水平和幸福感的增长效应均无显著差别。尽管多数研究认为，相对于年龄较大的农村居民，城市生活对年轻人更具吸引力，因此年轻的城镇移民融入城市的主观意愿会更高，其幸福感也应该会得到更大幅度改善。如果考虑到年轻迁移者在城市中更需要面对诸如婚姻、房价和子女教育等高生活成本压力，那么本章的实证结果将更具说服力。基于性别分类的估计结果显示，男性移民的个人年收入和家庭总收入的增长效应均显著为正，而女性移民的个人年收入甚至具有显著的负向增长效应。在农村劳动力迁移中存在着较为显著的性别工资差异，且女性处于不利地位（黄志岭，2010）。迁移对幸福感的因果效应在两组样本间并无显著差异，甚至对女性影响的负向效应要略低于男性。尽管男性移民的平均收入水平更高，但在城市中也承受着更大的生活压力，导致其幸福感的降低效应更为明显。

4.4　城镇移民幸福损失效应的来源分析

前面的研究表明，乡城迁移行为会降低迁移者的主观幸福感，但更为重要的问题是，需要进一步对这种因果效应的产生机制给出更为直观的解释，即农村居民迁移到城镇之后，具体是哪些因素发生变化导致城镇移民的幸福损失，这些因素对幸福损失的贡献有多大？为回答上述问题，本节参照 Rubin（1997）提出的回归调整方法，按如下步骤分析城镇移民幸福损失的来源。

第一，利用城镇移民和农村居民的合成面板数据，计算幸福感指标在 2013 年与 2010 年之间的差分，记为 $\Delta y_i = y_{1i} - y_{0i}$，其中，$y_{1i}$ 和 y_{0i} 分别表示 2013 年和 2010 年的样本观测值。该差分变量代表个体 i 的幸福感在时间维度上的变化。

第二，计算幸福感决定向量在 2013 年和 2010 年之间的差分，记为 $\Delta Z_i = Z_{1i} - Z_{0i}$，其中 Z_{1i} 和 Z_{0i} 分别表示 2013 年和 2010 年的样本观测值。通过差分运算，能够将与幸福感相关但不随时间变化的个体特征变量（包括不可观测因素）剔除掉，即在差分向量 ΔZ_i 中仅包含随时间变化的幸福感决定因素。这一分析策略有利于向量 Z 中的变量选取，并消除样本的个体异质性问题。

第三，构建 Δy_i 对 ΔZ_i 的回归方程，研究 ΔZ_i 中各分量对幸福感变化 Δy_i 的影响，并计算各分量对幸福感变化的贡献率。幸福感决定方程的具体形式由式（4-3）给出。

$$\Delta y_i = \theta_0 + \theta_1 \Delta income_i + \theta_2 migrant_i \times \Delta income_i + \theta_3 \Delta rank_i$$
$$+ \theta_4 \Delta fair_i + \theta_5 \Delta soc_i + \theta_6 \Delta rel_i + \varepsilon_i \qquad (4\text{-}3)$$

其中，income 表示家庭总收入[①]；rank 表示自评社会阶层；fair 表示社会公平感；soc 表示社交活动；rel 表示休息放松；migrant 表示迁移指示变量，其中，城镇移民 migrant 等于 1，未迁移的农村居民 migrant 等于 0；交叉乘积项 migrant×Δincome 用来反映城镇移民和农村居民收入增长对幸福感影响效应的差异。模型（4-3）的 OLS 估计结果如表 4-7 所示。

表 4-7　模型（4-3）的 OLS 估计结果

解释变量	被解释变量：主观幸福感差分				
	结果 Ⅲa	结果 Ⅲb	结果 Ⅲc	结果 Ⅲd	结果 Ⅲe
家庭总收入差分（Δincome）	0.164***	0.129***	0.112***	0.084***	0.075***
交叉乘积项（migrant×Δincome）	−0.135***	−0.109***	−0.093***	−0.066***	−0.057***
自评社会阶层差分（Δrank）		0.095***	0.082***	0.079***	0.081***
社会公平感差分（Δfair）			0.156***	0.153***	0.152***
社交活动差分（Δsoc）				0.079***	0.057**
休息放松差分（Δrel）					0.092***
常数项	−0.166***	−0.144***	−0.124***	−0.119***	−0.104***
样本容量/个	1 678	1 678	1 678	1 678	1 678
PseudoR^2	0.058	0.090	0.127	0.136	0.146

和*分别表示在 5% 和 1% 水平上显著

注：自评社会阶层变量取值为 1~10，数值越大代表社会阶层越高；社交活动变量和休息放松变量取值在 1~5：从不=1，很少=2，有时=3，经常=4，总是=5。社会公平感取值在 1~5：完全不公平=1，比较不公平=2，一般=3，比较公平=4，完全公平=5

期望水平调整理论认为，个体效用曲线会随着收入水平的增加而向下移动，使得收入对幸福感的边际效应不再明确。更为重要的是，当城镇移民从农村迁移到城镇之后，其所处的社会经济环境相对于未迁移的农村居民来说发生更大的变化，对比的参照对象也从农村居民变成城市居民，这导致城镇移民和农村居民的收入的边际效应曲线随着收入上升而向下移动的幅度亦存在显著差异。为对这一不可观测因素进行刻画，本章以农村居民为基准，利用交叉乘积项度量两类群体间的差异性。表 4-7 中的逐步回归结果显示，随着方程中解释变量的增加，农村居民的家庭总收入差分对主观幸福感差分的解释作用在逐渐减弱，这一结果说

---

① 本章选择家庭总收入作为幸福感的决定变量，主要是基于新劳动力迁移理论，认为迁移决策是家庭共同决定的结果。因此个体幸福感的提升更主要取决于家庭整体收入水平而不是个人收入水平。

明，农村居民家庭总收入可能与模型中的其他解释变量高度相关，当家庭总收入水平增加时，不但会对主观幸福感产生直接影响，而且可以提升其自评社会阶层、社会公平感等主观认知，进而对主观幸福感产生间接效应。与之相对应，城镇移民的家庭总收入差分对主观幸福感差分的解释作用基本保持稳定①，尤其是在结果Ⅲb~Ⅲe中，边际效应的取值范围保持[0.018, 0.020]，说明城镇移民的自评社会阶层和社会公平感等并不随家庭总收入增加而改善。此外，在结果Ⅲe中呈现的另一事实是，家庭总收入变化对城镇移民主观幸福感变化的净边际效应（0.018）大概仅为农村居民（0.075）的四分之一，这为解释城镇移民主观幸福感降低提供了有力的证据。除收入因素之外，本章所选择的其他解释变量均对主观幸福感具有显著的正向影响，这与理论预期相一致。为进一步明晰城镇移民幸福损失的来源，在表 4-8 中给出了各类因素对主观幸福感变化的贡献。

表 4-8　城镇移民和农村居民幸福损失效应分解结果

变量	城镇移民		农村居民		幸福损失值	贡献率
	均值	系数估计值	均值	系数估计值		
主观幸福感差分（Δy）	−0.134***		0.041***		−0.175	
家庭总收入差分（Δincome）	1.792***	0.018***	1.140***	0.075***	−0.053	30.3%
自评社会阶层差分（Δrank）	−0.152***	0.081***	0.285***	0.081***	−0.035	20.0%
社会公平感差分（Δfair）	−0.192***	0.152***	0.070***	0.152***	−0.040	22.8%
社交活动差分（Δsoc）	−0.178***	0.057***	0.475***	0.057***	−0.037	21.1%
休息放松差分（Δrel）	−0.197***	0.092***	0.051***	0.092***	−0.023	13.1%

***表示在1%水平上显著

注：各解释变量的系数估计值来自表 4-7 中的结果Ⅲe，对于城镇移民和农村居民，除家庭总收入差分变量的系数估计值不同外，其他变量的系数估计值均相同；总的幸福损失值是利用城镇移民的主观幸福感差分均值减去农村居民的主观幸福感差分均值得到的；各解释变量对应的幸福损失值，是利用城镇移民各解释变量的均值与其系数估计值的乘积减去农村居民各解释变量的均值与其系数估计值的乘积得到的；贡献率是利用各解释变量对应的幸福损失值除以总的幸福损失值得到的；家庭总收入差分变量的单位为万元

　　城镇移民幸福损失的主要来源之一是收入对主观幸福感的贡献要小于农村居民。表 4-8 中的结果显示，尽管城镇移民的家庭总收入增量（1.792）显著大于农村居民（1.140），但不足以弥补其边际效应降低所带来的损失，这导致城镇移民相对于农村居民的幸福损失值为−0.053，约占幸福损失总量的 30.3%。根据期望水平调整理论，这一部分幸福损失来自城镇移民对收入增长效用的适应以及社会参照组的转变，是在迁移过程当中无法规避的幸福损失效应。

　　不同于农村居民收入水平与其他幸福感决定因素呈现同方向变动特征，城镇

---

① 城镇移民的家庭总收入差分对主观幸福感差分的边际效应，是利用表 4-7 中家庭总收入差分和交叉乘积项的参数值求和得到的。

移民的收入提高是以牺牲其他福利指标为代价的，这是导致其幸福损失的另一重要原因。表 4-8 的第二列显示，在城镇移民的幸福感决定因素中，除家庭总收入差分显著增加外，其他影响因素在时间维度的差分值均显著为负。上述变量对幸福损失贡献的次序如下：社会公平感（22.8%）、社交活动（21.1%）、自评社会阶层（20.0%）和休息放松（13.1%），共同解释了迁移者幸福损失的 77%。其中，城镇移民自评社会阶层下降同样可部分归因于社会参照组的转变，正如 Stark 等（2012）所指出的，社会参照组的选择是"内生的"，人力资本的增加会使得城镇移民的社会参照组从农村居民转向社会地位和收入水平更高的城市居民。此外，城市中高昂的生存成本降低迁移者的生活质量和物质资本积累能力，这是导致其自评社会阶层降低的另一原因。对于社会公平感下降的解释，可以归因于中国城市化进程中城市内部形成的户籍人口和非户籍人口的"新二元结构"（陈斌开等，2010），即在社会保障、子女教育、医疗和劳动力市场中均表现出对非城市户籍人口的差别待遇，因此，迁移者更容易感受到社会制度中存在的不公平元素。社交活动和休息放松不仅是城镇移民对生活方式的选择，更体现了其在城市中的社会融合情况。当城镇移民从以"差序格局"为特征的乡土社会和熟人社会进入城市社会后，在生活方式和人际交往等方面均与城市居民存在着显著差异，短期内很难完成生活习惯的转变。此外，城市中更大的生存压力、更快的生活节奏及由待遇差别所带来的人际关系不和谐，进一步降低城镇移民的社会融合程度。从上述机制分析中可以看出，我国以户籍制度为代表的社会制度改革的逐步实施，以及城乡收入差距和人力资本差距的缩小，能够有效提升迁移者的自评社会阶层、社会公平感和社会融合，并最终增加城镇移民的主观幸福感，促进农村劳动力向城市迁移。

4.5　本章小结

目前，我国城镇化进程正在逐步放缓，主要表现为外出农民工总量增速减弱和农民乡城迁移意愿不高。仅从城乡工资差距角度无法对上述问题给出合理解释。幸福感作为评价个体生活状况的综合效用指标能够全面且合理地衡量福利水平高低，尤其是在我国农村居民物质生活条件得到较大幅度改善的情况下更是如此。因此，本章的主要工作是考察农民在乡城迁移过程中是否会产生幸福损失，如果两者具有因果联系，其背后的形成机制又是什么。

本章首先利用 2010 年和 2013 年 CGSS 的横截面数据与倾向得分匹配法构建一组包括城镇移民和农村居民的"准实验"面板数据集，用来解决迁移行为研究中存在的样本匹配问题。其次，基于人口迁移理论和 DID 回归，评价迁移行为对城镇移民主观幸福感的因果效应。研究发现，尽管乡城迁移提高了移民的收入但却以幸福损失为代价。其中，个人年收入和家庭总收入的平均溢价分别为 0.626 万元和 0.652 万元（2010 年为基期价格），主观幸福感的损失效应为-0.175。增加控制变量后，实证结果仍然保持稳健。再次，异质性分析表明，高教育水平和异地迁移的城镇移民具有更高的幸福损失，且幸福损失不随迁移时间的延长而有所改善。最后，本章基于回归调整方法分析幸福损失效应的形成机制，研究发现，由期望水平调整所引致的收入对幸福感的边际效应降低是城镇移民幸福损失的一个来源，约占总损失的 30.3%，而自评社会阶层、社会公平感、社交活动和休息放松等幸福感决定因素的绝对下降，成为导致城镇移民幸福损失的另一重要原因，对幸福总损失的贡献大约为 77%。

　　本章的政策含义在于，政府部门应该充分认识到，随着农村生活水平的提高，幸福感已经取代收入成为现阶段我国农村劳动力决定是否向城镇迁移的最主要动因。经济发达城市为继续创造人口红利优势，需要对如何提高城镇移民的幸福感给予更多的关注。其意义在于，从幸福感角度创造城市的"吸引力"，提高迁移到城市后幸福感水平上升的预期，这是提高农村居民乡城迁移意愿和推进城市化发展的可行思路，而消除城市劳动力市场分割、保障城镇移民拥有与城市居民享受同等公共产品的权利以及促进移民在流入地的社会融合是解决这一问题的关键。

第5章　农业技术采用对生产力与家庭福利的影响

　　鉴于土地确权改革将引发农业技术变革，进而影响农业生产，本章以农业技术采用为研究出发点，主要考察其对农业生产力和家庭福利的影响效应。近年来，国家出台多项旨在提高农业现代化程度的农业政策，但各项农业政策的实施绩效不仅取决于政策的实施环境，更受到农户对农业技术认知的影响。农户具有农业技术采用的行为主体、技术推广的主要成员、农业资源的使用主体、农村环境资源的消费主体等多重角色，同时也是农业经营中最小和最基本的单位。农户作为农业生产活动中的"能动主体"，其对某一农业技术的行为响应和行为方式在很大程度上决定这一农业技术的普及程度和实施效果。从"理性经济人"这一研究视角出发，农户对农业技术的采用取决于预期经济效益和成本。因此，研究农户的农业技术采用行为的影响因素，以及采用技术是否给农户带来了生产力和福利水平的提高，不但有利于先进农业技术在农业生产中推广，而且对农业现代化和乡村振兴的实现具有重要意义。农业技术的推广和应用也是农业生产力不断提高与农民收入持续增加的必要条件。

　　在关于农业技术采用的相关研究中，部分文献关注农户对特定农业技术的采用，如 Brocke 等（2010）利用参与性农户评估（participatory rural appraisal，PRA）法研究布基纳法索西部地区几内亚种族两个村庄农户采用高产高粱技术失败的原因，结果表明对当地农户的需求和偏好考虑不足以及对当地农作物生长的外在环境的忽视是导致项目失败的重要原因。Michael 等（2010）研究爱尔兰农户是否采用有机农业生产技术影响因素，发现很多农户基于规避风险的考量从而不愿意采用这一技术。另一部分文献主要关注综合技术采用情况及其影响因素，如刘红梅等（2008）利用 Logit 模型探讨激励农户采用节水灌溉技术的因素，发现教育水平、节水宣传教育力度、土地经营规模、财政扶持力度等均是重要影响因素。王秀东和王永春（2008）研究良种补贴政策对农民选择小麦新品种行为的影响，发现新品种选择行为主要受地区差异、新品种可获得性、农户风险意识及良种是否增加收益等因素的影响。由此作者建议政府应改进良种补贴政策的执行方式，引导农户采用良种。

基于上述文献，本章从两个方面对现有关于农业技术采用问题的研究进行补充：首先，在研究内容方面，主要考察农户农业技术采用对农业生产力和家庭福利的影响效应；其次，在研究方法方面，基于倾向得分匹配法解决实证模型中存在的样本选择偏差问题，并采用内生处理效应模型进行稳健性检验。本章剩余部分安排如下：5.1 节给出了农业技术采用效应评价的实证策略；5.2 节是数据处理与描述性统计；5.3 节是实证结果讨论；5.4 节是稳健性检验；5.5 节给出本章小结。

5.1　农业技术采用效应评价的实证策略

基于实验数据估计农业技术采用的福利效应具有实际意义，但是在评估其福利效应的过程中需要考虑技术采用者若不采用这一技术时的反事实情形。在理想状态下，如果可以随机分配农户采用技术与否，那么只需要简单对比两组随机样本就能得到技术采用的福利效应。但是，现实中农户的技术采用并不是随机分配的，而是农户作为农业生产活动的能动主体，根据自身情况作出技术采用与否的决策，因此技术采用农户和非技术采用农户可能有本质的不同，这称为"自选择"问题。此时简单地对比两组农户会得到有偏的结果。为此，本章使用倾向得分匹配法解决上述可能存在的"自选择"问题。

从反事实研究框架的角度，令 T 表示新技术采用情况的虚拟变量，T 等于 1 表示农户采用新农业技术，T 等于 0 表示不采用新农业技术。类似地，令 Y_1 表示采用新技术农户的结果变量（本章中指的是农业生产力和家庭福利水平）；Y_0 表示不采用新技术的结果变量。将农户家庭的结果变量记为 Y_i，可以将其描述为

$$Y_i = \begin{cases} Y_{1i}, & \text{if} \quad T_i = 1 \\ Y_{0i}, & \text{if} \quad T_i = 0 \end{cases} \tag{5-1}$$

显然，由于农户要么采用农业技术，要么未采用农业技术，故无法同时观测到 Y_{1i} 和 Y_{0i}。可以更简洁地将 Y_i 表示为式（5-2）：

$$Y = TY_{1i} + (1-T)Y_{0i} = Y_{0i} + (Y_{1i} - Y_{0i})T \tag{5-2}$$

其中，$(Y_{1i} - Y_{0i})$ 为农户 i 采用农业技术的处理效应（treatment effect）。显然，对具体每个农户而言，处理效应可能是不同的，因此可将处理效应视为随机变量，

将其期望值称为平均处理效应：

$$\text{ATE} \equiv E\left(Y_{1i} - Y_{0i}\right) \tag{5-3}$$

现实中，如果仅考虑采用农业技术农户的平均处理效应可能更有意义，这称为"处理组平均效应"（average treatment effect on the treated，ATT），具体的表达式为

$$\text{ATT} \equiv E\left(Y_{1i} - Y_{0i} \mid T_i = 1\right) \tag{5-4}$$

从式（5-5）可以看出，对采用农业技术的福利效应进行评价的关键的问题在于采用农业技术的样本组只能观测到 Y_{1i}，而 Y_{0i} 是观测不到的，如果简单地比较采用技术农户和未采用技术农户的结果变量，会造成"自选择"偏差：

$$\underbrace{E\left(Y_{1i} \mid T = 1\right) - E\left(Y_{0i} \mid T = 0\right)}_{\text{采用技术组和未采用技术组的平均差异}} = \underbrace{E\left(Y_{1i} - Y_{0i} \mid T = 1\right)}_{\text{ATT}} + \underbrace{E\left(Y_{0i} \mid T_i = 1\right) - E\left(Y_{0i} \mid T_i = 0\right)}_{\text{"自选择"偏差}}$$

$$\tag{5-5}$$

从式（5-5）可以看出，如果采用技术与否对农户而言是随机分配的，那么"自选择"偏差就等于 0，此时简单地比较采用技术组和未采用技术组的结果变量差异就可以得到采用技术的福利效应。在现实中随机分配往往是不可行的，因此本章通过使用倾向得分匹配法来解决这个问题。使用倾向得分匹配法估计采用技术的平均处理效应需要两个假定条件：第一个假定条件称为无混淆假定（或称为条件独立假定），要求在控制可观测解释变量向量 X 情况下，技术采用的结果变量与是否采用技术的决策变量（T）之间是相互独立的，即 $(Y_0, Y_1) \perp T \mid X$；第二个假定是重叠假定（也称为共同支撑域假定），要求对 X 的任何可能取值，都有 $0 < p(X) < 1$，即要求处理组和控制组的倾向得分取值范围内有相同的部分。

首先，选择合适的协变量 X，利用 Probit 模型（也可以使用 Logit 模型）估计倾向得分。模型具体形式为

$$p(X) = \Pr\left[D = 1 \mid X\right] = F(X, \beta) = \varPhi(X\beta) \tag{5-6}$$

其中，$\varPhi(\cdot)$ 为标准正态分布的累积分布函数（如果是 Logit 模型，则为逻辑分布的累积分布函数）；X 为影响农户新技术采用决策的变量向量。

其次，根据得到的倾向得分估计值进行倾向得分匹配，并利用匹配后的样本计算平均处理效应。采用技术组的平均处理效应估计量表达式：

$$\widehat{\text{ATT}} = \frac{1}{N_1} \sum_{i:D_i=1} \left(Y_i - \hat{Y}_{0i}\right) \tag{5-7}$$

其中，N_1 为采用农业技术组的农户个数。

在具体操作过程中有不同的方法，如近邻匹配、卡尺匹配和核匹配。最常用的是近邻匹配，基本思想是每一个处理组（采用农业技术）中农户 i，在对照组

（未采用农业技术）中选择几个倾向得分（记为 p_i）和农户 i 最相似的农户进行匹配，此时 $\hat{Y}_{0i}$ 即这几个农户结果变量的均值，而卡尺匹配限制了倾向得分的绝对距离，即对处理组中的每个个体 i，在对照组中个体倾向得分和 p_i 的差距在一定范围内的样本进行匹配。核匹配的思想是使用核函数给予处理组样本不同的权重，此时 $\hat{Y}_{0i}$ 可以表示为

$$\hat{Y}_{0i} = \sum_{j:D_j=0} w(i,j)Y_{0j}, \ w(i,j) = \frac{K\left[(X_j - X_i)/h\right]}{\sum_{k:D_k=0} K\left[(X_k - X_i)/h\right]}$$

（5-8）

其中，h 为带宽；$K(\bullet)$ 为核函数。

要指出的是，进行倾向得分匹配后，还需要进行平衡性检验，即检验匹配后处理组和对照组相关变量是否存在显著的差异。最常用的方法是比较处理组和对照组的每个解释变量匹配前后的标准化偏差以及匹配对标准化偏差的降低程度。如果匹配后两组样本解释变量的标准化偏差较小，则可以认为匹配比较好地平衡了两组样本的分布。另外，也可以通过比较匹配前后 Probit 模型的伪 R^2，以及似然比检验统计量进行判断。其基本思想是，如果比较好地匹配了两组样本的变量的分布，那么伪 R^2 和似然比检验统计量的值应该是很低的。倾向得分匹配是解决显性偏差的有效工具，但是对隐性偏差问题不能给予很好的解决。如果存在遗漏变量问题，尤其是当具有一定敏感性的变量无法观察到时，直接影响到最终匹配结果的可信程度（袁青川，2015）。本章进一步使用内生处理效应模型检验存在不可观测变量影响情况下技术采用的平均处理效应。

5.2　数据处理与描述性统计

本章实证分析使用的数据来源于 CGSS 数据集。CGSS 是由中国人民大学中国调查与数据中心负责执行的全国性综合调查项目，涵盖 25 个省级行政单位，调查领域包括社会、社区、家庭和个人等多个层次，目前该数据集已成为研究中国经济和社会发展问题的最主要微观数据来源之一。

5.2.1　农户农业技术采用情况

可持续发展是现代农业技术的核心问题。农业的持续健康发展需要农业技术的支持，农业技术的采用在保护环境的同时会提高农户的农业生产效率和农产品

产量，从而提高农户的收入水平。

表 5-1 给出了 2010 年我国各省（区、市）样本农户技术使用的分布情况。总计 2 269 户家庭，涵盖我国的 25 个省（区、市），其中有 1 495 户家庭采用了新的农业技术，占比为 65.9%，而另外 774 户家庭没有采用新技术，占比为 34.1%。

表 5-1　2010 年 25 个省（区、市）农户样本采用技术的户数及比例

省（区、市）	样本数/户	采用技术		未采用技术	
		户数/户	比例	户数/户	比例
重庆市	128	41	0.320	87	0.680
河北省	41	40	0.976	1	0.024
云南省	214	100	0.467	114	0.533
黑龙江省	100	84	0.840	16	0.160
陕西省	102	67	0.657	35	0.343
河南省	219	213	0.973	6	0.027
湖北省	165	107	0.648	58	0.352
广西壮族自治区	116	82	0.707	34	0.293
山东省	105	71	0.676	34	0.324
安徽省	149	122	0.819	27	0.181
湖南省	150	77	0.513	73	0.487
吉林省	134	114	0.851	20	0.149
福建省	44	11	0.250	33	0.750
江苏省	41	37	0.902	4	0.098
四川省	175	96	0.549	79	0.451
山西省	7	6	0.857	1	0.143
江西省	84	56	0.667	28	0.333
海南省	11	4	0.364	7	0.636
辽宁省	20	15	0.750	5	0.250
贵州省	52	29	0.558	23	0.442
浙江省	12	7	0.583	5	0.417
青海省	3	3	1.000	0	0.000
甘肃省	112	51	0.455	61	0.545
宁夏回族自治区	28	22	0.786	6	0.214
内蒙古自治区	57	40	0.702	17	0.298
总计	2 269	1 495	0.659	774	0.341

为更加清楚地看出各省（区、市）技术采用之间的差异，图 5-1 的折线图给出了各省（区、市）中采用技术和未采用技术的样本的比例。从中可以看出，大多数省（区、市）采用技术家庭数所占比例超过 50%。只有重庆市、云南省、福建省、海南省和甘肃省采用技术的家庭所占比例低于未采用技术家庭所占比例。

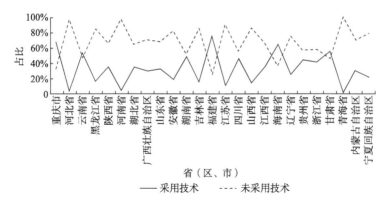

图 5-1 各省（区、市）采用技术与未采用技术占比

5.2.2 农业技术与农户家庭收入关系的比较分析

在农业现代化发展进程中，新型生物技术、节水技术及农业机械技术等具有增加农业生产效率和提高农户收入的潜力。农户会比较采用农业技术的预期经济效益和成本，从而作出符合自身利益的决策。因此，有效估计农业技术成本与预期收益是确保农业先进技术得到顺利发挥的重要一环。

根据图 5-2 和图 5-3，可以看出对大多数省（区、市）而言，采用技术农户的收入水平高于未采用技术的农户，无论是总收入还是农业收入均是如此。对少数几个省（市），如吉林省、山西省和重庆市，采用农业技术农户的收入水平反而要低一些。分析其原因，吉林省和重庆市多山区地形，不便于大型农业机械的大规模使用，可以说技术采用对家庭总收入的影响程度不大，而山西省的样本量太少，误差较大。从整体意义来看，我们认为技术采用可以为从事农业生产的家庭带来收益。

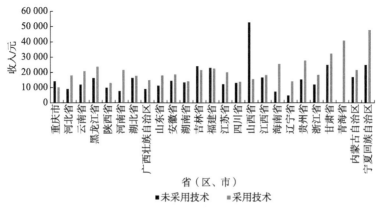

图 5-2 各省（区、市）家庭总收入情况统计

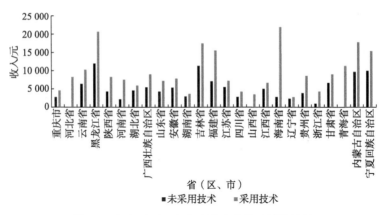

图 5-3　各省（区、市）家庭农业收入情况统计

5.2.3　变量选取

本章旨在研究从事农业生产的农村家庭采用新技术对家庭福利和生产力的影响效应。使用的微观数据是 2010 年的截面数据。数据处理方面，剔除了城镇样本以及关键信息缺失的样本，另外，对异常值样本也进行了删除。最终用于实证分析的样本量为 2 269 户家庭。变量选择及变量的经济含义见表 5-2。

表 5-2　变量符号与含义描述

变量类型	变量	变量含义
被解释变量	tech	农户是否使用技术：是=1，否=0
	total_inc	家庭总收入（元）
	agri_inc	家庭农业收入（元）
	expend	家庭消费支出（元）
	per_time	每亩土地的耕种时间（天）
解释变量	age	户主年龄
	edu_year	受教育年限
	cogn	认知能力
	labor_number	劳动力人数
	econ_cond	经济情况
	marriage	婚姻状况：已婚=1，非已婚=0
	total_area	总耕地面积（亩）

续表

变量类型	变量	变量含义
解释变量	health	健康状况
	total_number	家庭人数
	total_time	总耕作时间（天）

注：①采用技术样本为 1 495 户，未采用技术样本为 774 户。②认知能力指标为听普通话的能力，完全听不懂=1；比较差=2；一般=3；比较好=4；很好=5。③经济情况：远低于平均水平=1；低于平均水平=2；平均水平=3；高于平均水平=4；远高于平均水平=5。④每亩土地的耕种时间指标是指每亩土地一年耕作天数，总耕作时间是指家庭总耕地一年耕作天数。⑤健康状况：很不健康=1；比较不健康=2；一般=3；比较健康=4；很健康=5。⑥每亩土地的耕种时间=总耕作时间/总耕地面积

为了便于清晰地了解本章中涉及的变量，表 5-2 中给出了各个变量的名称及含义。本章涉及的被解释变量包括农户是否使用技术、家庭农业收入、家庭消费支出、每亩土地的耕种时间。涉及的解释变量：户主特征包括户主年龄、受教育年限、认知能力、婚姻状况和健康状况；家庭特征包括劳动力人数、经济情况、总耕地面积、家庭人数、总耕作时间。

5.2.4　描述性统计

表 5-3 给出了两组样本在户主层面和家庭层面的各个变量的均值，并进行了均值差异显著性的 t 检验。

表 5-3　经济指标差异的描述统计

指标名称	采用技术	未采用技术	差值
户主年龄（age）	48.0	50.9	−2.9***
认知能力（cogn）	3.4	3.0	0.4***
受教育年限（edu_year）	6.2	5.0	1.2***
婚姻状况（marriage）	0.92	0.86	0.06***
经济情况（econ_cond）	2.6	2.3	0.3***
家庭总收入（total_inc）	20 772	16 189	4 583***
家庭农业收入（agri_inc）	9 575	5 346	4 229***
家庭人数（total_number）	2.7	2.7	0
劳动力人数（labor_number）	2.1	1.9	0.2***
总耕地面积（total_area）	13.5	10.0	3.5*
家庭消费支出（expend）	19 952	16 133	3 819***
健康状况（health）	3.5	3.2	0.3***
总耕作时间（total_time）	428.1	459.6	−31.5**
每亩土地的耕种时间（per_time）	84.8	126.1	−41.3***

*、**和***分别表示在 10%、5%和 1%水平上显著

根据表 5-3 的第四列可知，采用技术组和未采用技术组的特征存在显著的差异。首先，从家庭农业收入来看，技术采用农户家庭农业收入的均值显著更高，比未采用技术的农户高 4 229 元，并且在 1%水平上显著。并且，技术采用的农户的消费水平也显著高于未采用技术的农户，在一定程度上体现了农户进行农业生产，采用技术能够提高农户的收入和消费水平，从而提高农户的家庭福利。此外，采用技术也可以缩减农业生产时间，节省农业劳动力。采用技术的总耕作时间和每亩土地的耕种时间都小于未采用技术的农户。

户主作为家庭生产活动的主要组织者，户主的个人特征对家庭的农业生产决策具有重大影响力。户主的年龄越小，越有利于技术的采用，主要是因为户主越年轻，接受新事物和新技术的能力越强，家庭采用技术的可能性也就越高。另外，户主的教育水平越高，学习能力越强，采用技术的概率也就越大。从表 5-3 中可以看出，采用技术的户主的受教育年限比未采用技术的户主平均高 1.2 年，并且在 1%水平上显著。与户主教育水平相似，户主的认知能力越高，该家庭采用技术进行农业生产的可能性越大。因为采用技术可以扩大农业生产规模，要求生产者具有使用现代农业生产技术的能力和生产管理经验，而具有较高认知能力的户主更具有这种潜力，在农业生产中更能充分利用新的农业生产技术。对于户主的健康水平来说，户主的健康状况越好，户主的生产积极性也就越高，可将更多的时间投入农业生产中，并且家庭的经济情况越好，农户拥有越充足的资金投入新技术的使用中，采用新技术的可能性也就越高。

5.3　实证结果讨论

5.3.1　农业技术采用的影响因素分析

本节根据上文介绍的平均处理效应方法实证检验技术采用对家庭农业生产力和福利的影响。首先，利用 Probit 模型估计农业技术采用决策模型，得到倾向得分；其次，基于倾向得分匹配得到采用技术的平均处理效应。

1. 农业技术采用决策模型的估计结果

首先，构建 Probit 模型来评估农业技术采用的影响因素，获得农户采用技术的概率，即倾向得分。具体形式为

$$L_i = \beta_0 + \beta_1 \text{age}_i + \beta_2 \text{edu\_year} + \beta_3 \text{labor\_number}_i + \beta_4 \text{cogn}_i + \beta_5 \text{total\_area}_i$$
$$+ \beta_6 \text{health}_i + \beta_7 \text{marriage}_i + \beta_8 \text{econ\_cond}_i + u_i$$

$$(5\text{-}9)$$

其中，$i = 1, 2, \cdots, n$ 表示家庭；L_i 表示农户采用技术的概率。解释变量包括年龄 age、受教育年限 edu_year、认知能力 cogn、健康状况 health、劳动力人数 labor_number、总耕地面积 total_area、婚姻状况 marriage 和经济状况 econ_cond，具体的结果由表 5-4 给出。

表 5-4　基于 Probit 模型的农户技术采用分析的回归结果

指标名称	方程系数	标准误	p 值
户主年龄（age）	−0.001	0.003	0.554
认知能力（cogn）	0.112***	0.031	0.000
受教育年限（edu_year）	0.027***	0.008	0.001
婚姻状况（marriage）	0.171*	0.092	0.061
经济情况（econ_cond）	0.23***	0.04	0.000
家庭人数（total_number）	−0.05	0.03	0.060
劳动力人数（labor_number）	0.10***	0.03	0.000
总耕地面积（total_area）	0.001	0.001	0.457
健康状况（health）	0.09***	0.03	0.001
伪 R^2	0.06		
LR 统计量	159.7***		
样本量/个	2 248		

*和***分别表示在 10%和 1%水平上显著

根据表 5-4 的估计结果，户主的受教育年限、认知能力和健康状况对农户采用农业技术产生正向影响，并且在 1%水平上显著。户主受教育水平越高，学习能力越强，越愿意利用自己所学知识采用更有利于农业生产的新技术，并且户主的认知能力越高，接受新技术的能力越强，越有可能采用新的技术从事农业生产。此外，户主越健康，对自己从事农业生产越有信心，越勇于筹划，为获得更持久的较高的利润，自我信心较足的农户将更敢于尝试新的生产方式。从而，户主的健康状况将影响农户新技术的采用。另外，户主的年龄越小，传统观念越弱，对新事物的兴趣更浓，也愿意接受新事物，而年龄较大的农户，思想较为保守，风险规避的意识更强。农业新技术是一种新型的生产技术，变更生产技术存在一定的风险，就会导致高龄农户使用技术更加慎重，对采用新技术的倾向程度更弱。

　　家庭劳动力人数越多，采用农业技术的概率越大，且在 1%水平上显著。农户家庭拥有的劳动力越充足，农业生产的人力资本越雄厚，对农业技术的采用的促进性越强。主要是因为现阶段农业的生产仍然主要是依赖于人力，属于劳动密集型产业，而家庭的劳动力数量不但影响整个家庭的农业生产决策，而且可对农业新技术的采用提供保障，提高农业技术采用的概率。另外，农户的耕种规模对农户采用技术也产生正向影响，经营规模越大的农户，为节省农业劳动力，越倾向采用新技术，获得更高的规模效益。家庭的经济状况越好，越有利于家庭采用新的农业生产技术。因为新技术的采用需要一定的资金支持，并且经济状况较好的家庭，抗风险能力也比较强，能够缓解新技术采用带来的风险压力，故而家庭经济状况越好的家庭越愿意采用新技术。

　　2. 共同支撑域

　　共同支撑域是使用倾向得分匹配法的重要前提，因为它保证了样本匹配的质量。但是，由于共同支撑域检验对 Probit 回归模型的设定十分敏感，故在这里采用不同的模型，并改变支撑域的大小进行分析。图5-4表示采用农业技术和未采用技术的农户的共同支撑域检验。根据图 5-4，可以看出技术采用农户和未采用农户的重叠区域比较大，具有共同支撑域的条件得到满足。其中，实验组（技术采用农户）倾向得分区间为[0.24，0.97]，对照组（技术未采用农户）的倾向得分区间为[0.26，0.86]，这表明处理组和对照组具有较大的共同支撑域，从而为获得精确的处理效应结果奠定基础。

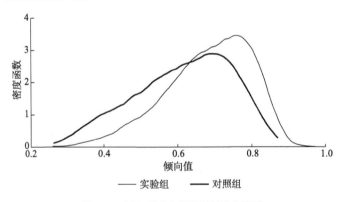

图 5-4　倾向得分匹配的共同支撑域

　　3. 样本匹配及匹配质量检验

　　为保证样本匹配质量，在完成样本匹配后需进一步进行样本匹配前后的平衡性检验，检验结果如表 5-5 所示。

表 5-5　倾向得分匹配前后的平衡性检验

匹配方法		伪 R^2	LR 统计量（p 值）	标准化偏误
匹配前		0.06	159.7（0.000）	57.1%
匹配后	近邻匹配（n=4）	0.00	5.2（0.818）	8.4%
	卡尺匹配（0.03）	0.00	1.8（0.994）	4.9%
	核匹配	0.00	2.6（0.977）	6.0%

注：近邻匹配（n=4）是为每个实验组（采用技术农户）根据倾向得分寻找与之最接近的 4 个控制组样本（未采用技术农户），并将这 4 个样本的结果变量取平均值，从而获得实验组的 1 个匹配的对照样本；卡尺匹配设定半径为 0.03，将倾向得分在该半径范围内的未采用技术的农户加权平均，获得采用技术的农户的对照组；核匹配是把默认窗宽内的采用技术的农户样本加权平均，从而和未采用技术的样本进行匹配

　　根据表 5-5 可以看出，样本匹配前后的标准化偏误有了明显的降低。样本匹配前的变量的标准化偏误为 57.1%，而采用不同的匹配方法进行匹配之后，解释变量的标准化偏误大幅下降，对近邻匹配、卡尺匹配和核匹配，标准化偏误分别下降到 8.4%、4.9% 和 6.0%。这说明匹配后技术采用农户和未采用农户之间的特征得到很好的平衡。此外，LR 统计量的 p 值表明，在样本匹配后，技术采用农户和未采用农户之间的特征变量的联合显著性检验在统计上不显著，并且样本匹配后的伪 R^2 值从匹配前的 0.06 显著下降到匹配后的 0.001 以下，体现了处理组和对照组的特征的无差异性。因此，由上述检验结果可以得知，倾向得分估计和样本匹配是成功的。

5.3.2　农业技术采用的福利效应评估

　　匹配完成后，就可以基于式（5-7）计算采用农业技术的平均处理效应，我们选择 4 个结果变量：家庭总收入、家庭消费支出、家庭农业产值及每亩土地的耕种时间。其中，家庭总收入和家庭消费支出用以表示家庭的福利水平，而家庭农业产值和每亩土地的耕种时间表示家庭农业生产力。利用不同匹配方法测算的不同结果变量的平均处理效应见表 5-6 与表 5-7。

表 5-6　农户采用技术的净福利效应测算结果　　　　　单位：元

匹配方法	福利指标	净福利效应（ATT）
近邻匹配（n=4）	家庭总收入	1 823.5*
	家庭消费支出	2 644.3**
卡尺匹配（0.03）	家庭总收入	1 820.9*
	家庭消费支出	3 802.4***
核匹配	家庭总收入	1 950.5**
	家庭消费支出	3 266.8***

续表

匹配方法	福利指标	净福利效应（ATT）
平均值	家庭总收入	1 864.9
	家庭消费支出	3 237.8

*、**和***分别表示在10%、5%和1%水平上显著

表 5-7　农户采用技术的生产力效应测算结果

匹配方法	生产力指标	生产力净效应（ATT）
近邻匹配（n=4）	家庭农业产值	2 712.8***
	每亩土地的耕种时间	−48.5***
卡尺匹配（0.03）	家庭农业产值	2 851.0***
	每亩土地的耕种时间	−48.2***
核匹配	家庭农业产值	2 882.7***
	每亩土地的耕种时间	−48.1***
平均值	家庭农业产值	2 815.5
	每亩土地的耕种时间	−48.3

***表示在1%水平上显著

　　根据表 5-6 的第三列可以发现，农户采用技术不仅利于提高农户家庭收入，还促进家庭消费，并且统计上都显著。因此，采用技术的农户获得的福利水平更高。从表 5-6 的最后两行给出的平均值可知，采用技术的农户的家庭总收入比未采用技术的农户平均多 1 864.9 元，并且家庭消费支出也多出 3 237.8 元，与描述性统计结果的两者差异性比较可知，倾向得分匹配法在对样本进行处理后，能够获得更为精确的处理效应，使得研究结果更为可靠。

　　通过观察表 5-7 可知，在三种匹配方法下（近邻匹配、核匹配和卡尺匹配），采用技术的农户的生产力效应明显更高，表现在农户在农业生产过程中采用技术后，家庭农业产值的增加和每亩土地的耕种时间降低。具体来说，采用技术的农户的家庭农业产值比未采用技术的农户平均多 2 815.5 元，并且采用技术的农户经营每亩土地所需的时间比未采用技术的农户平均少 48.3 天。因此，农户采用技术不仅可以降低农户的时间成本，还可以提高家庭的农业产出。毕竟农业技术的采用可以提高农业生产的现代化水平，降低农户时间投入成本，解放农村农业劳动力，并且提高农业的经济效益。由于更多的农村劳动力被解放出来，农户可以从事非农产业，非农收入的获得不仅提高了农户的家庭总收入，也将促进农户消费水平的提升，进而农户的家庭福利也得到提高，此外，农户收入增加，也将有更多的资金投入农业生产中，运用先进的农业技术和农业生产方式，获得农业规模效益，从而促成良性循环。因此，农业新技术的采用不仅在短期促进农业生产力效应和农户家庭福利效应的提高，还能在长期呈现出良好的农业生产状态。

　　通过以上分析可总结出，农业技术的采用不仅可以通过农业生产力效应的提

高直接导致农户福利水平的增加，还可以通过农户采用技术后，农业劳动时间的减少而非农劳动时间的增加导致农户收入和消费水平的提高，进而传导到农户的福利效应。这一间接机制对农户家庭福利的影响更为重要。因为从长期来看，随着农业现代化进程的加快，农业技术和农业机械化在农业生产中扮演着越来越重要的角色，农业的发展离不开农业规模化和现代化，而这要求农业中劳动力更多地释放出来，使用劳动节约型农业技术。该农业技术的使用，在节省农业劳动力的基础上，不仅提高农业的生产效率，还提高家庭的经济水平。农户可以拥有更多的时间从事生产效率更高的非农产业。一方面，多元的收入方式可以分担农业新技术采用带来的生产风险，减少家庭因采用新技术带来的收入波动风险，有效保障家庭总收入的稳定性。另一方面，农村劳动力在农业和非农业部门工作的理性选择，可优化劳动力要素的配置。毕竟，家庭的福利最大化是通过对农业和非农业综合的权衡完成的，农户将选择生产效率更高的部门从事生产，从而整个社会的福利也因单个家庭福利水平的提高而获得提升。

5.3.3　采用农业技术的异质性影响效应

在倾向得分计算过程中，农户特征和家庭特征对农户是否采用技术具有显著影响，那么接下来考虑的问题是，不同农户的家庭特征是不同的，那么对异质性的农户而言，采用技术与否对农业生产力和家庭福利产生的影响效应是否会存在差异。为此，为研究不同农户采用技术的处理效应，我们根据农户受教育年限、家庭耕作时间及家庭耕地面积将总样本分成对应的子样本，并利用 1 : 4 近邻匹配进行农户家庭福利和农业生产力的分析。分样本的处理效应结果见表 5-8。

表 5-8　不同层次的处理效应差异　　　　　单位：元

指标层次		家庭福利	农业生产力
		消费支出	农业产值
农户受教育年限	0~6 年	3 201.7***	2 577.0***
	>6 年	7 107.6***	3 024.1***
家庭耕作时间	0~360 天	3 727.1***	2 449.8***
	>360 天	5 342.5***	3 057.6***
家庭耕地面积	0~6 亩	3 911.7*	1 273.5***
	>6 亩	5 230.3***	4 177.0***

*和***分别表示在 10% 和 1% 水平上显著

根据表 5-8 可以看出，在不同的农户特征下，农户在农业生产中是否采用技术对农户的家庭福利和农业生产效力表现出不同的结果。具体来看，农户在不同的教育层次上，农户采用技术的处理效应虽然都是显著的，但是效应的大小表现出明显的差异。受教育年限小于等于 6 年的农户，采用技术的家庭消费支出平均比未采用技术的家庭多 3 201.7 元，而对于受教育年限超过 6 年的农户家庭，其采用技术的消费支出比未采用技术的家庭多 7 107.6 元，该处理效应明显比受教育年限低的农户的处理效应要大。在不同的受教育样本下，农业产值的结果也表现出类似的情况。可能是因为，农户受教育年限越高，越能选择理性的农业生产行为。受教育程度更高的农户对农业新技术理解度更高，对技术的运用更恰当，农业产值提高得也更快。农业技术带来的产值增加，会增强农户对农业技术的信任，使他们对未来有更好的预期，从而导致高教育年限的消费支出也越高。

从家庭耕作时间指标来看，耕作时间越长，农户采用技术产生的处理效应结果越好。因此，农户通过采用农业技术想要获得较高的农业产值，还需要投入一定的时间和精力。大量耕种时间的投入，使得农业技术发挥的效应更大。此外，就耕地面积指标来说，农户耕地面积越大，农业技术采用这一行为导致的农业产值和家庭消费支出也就越高。首先，土地规模越大的农户，农业生产积极性也就越高，采用农业技术的无形生产投入量也就越大，技术采用的平均处理效应也就越明显。其次，从理性的角度来说，农户采用农业技术的目的也是扩大农业生产经营规模，优化农业中投入的土地和劳动比例，从而提高农业生产效率，并逐渐转变传统的经营模式，向现代化农业生产靠拢，提高农业总产值。

5.4　稳健性检验

家庭是否采用农业技术不仅受到可观测到的户主或家庭特征的影响，还与社会制度、村庄的外部环境以及家庭的传统观念（家庭对风险的态度）等有关，这些不可观测的因素造成的遗漏变量问题导致内生性问题，使得估计结果的参数有偏。因此，有必要通过内生处理效应模型进行稳健性检验。

5.4.1　内生处理效应模型

内生处理效应模型的方程为

$$Y_i = \alpha + \gamma T_i + \beta X_i + \varepsilon_i \qquad （5-10）$$

其中，Y_i 为结果变量农业生产力；T_i 为处理变量；X_i 为控制变量；α、γ 和 β 为

待估的参数；ε_i 为随机扰动项。假设处理变量源于不可观测的潜在变量。处理方程可定义为

$$T_i^* = \delta Z_i + u_i, \quad T_i = \begin{cases} 1, & T_i^* > 0, \text{ 采用农业技术} \\ 0, & T_i^* \leqslant 0, \text{ 不采用农业技术} \end{cases} \quad (5\text{-}11)$$

其中，Z_i 为处理方程中的解释变量，包括户主的年龄和受教育年限，以及家庭的总耕地面积和总耕作时间；δ 为待估参数；u_i 为与农户是否采用技术相关的随机扰动项。从式（5-10）和式（5-11）可以发现，误差项 ε 与 u 服从均值为零的双变量正态分布，其方差协方差矩阵为

$$\text{Cov} = \begin{bmatrix} \sigma_\varepsilon^2 & \rho\sigma_\varepsilon \\ \rho\sigma_\varepsilon & 1 \end{bmatrix} \quad (5\text{-}12)$$

其中，σ_ε 为结果回归方程中扰动项 ε_i 的方差，处理方程中的扰动项 u_i 的方差假定为 1；$\rho\sigma_\varepsilon$ 为 ε_i 与 u_i 的协方差。解释变量 X_i 和 Z_i 与误差项不相关，说明它们是外生的。

对于采用农业技术的农户而言，Y_i 的条件期望为

$$\begin{aligned} E(Y_i \mid T_i = 1, X_i, Z_i) &= \gamma + \beta X_i + E(\varepsilon_i \mid T_i = 1, X_i, Z_i) \\ &= \gamma + \beta X_i + E(\varepsilon_i \mid \delta Z_i + u_i > 0, X_i, Z_i) \\ &= \gamma + \beta X_i + E(\varepsilon_i \mid u_i > -\delta Z_i, X_i, Z_i) \\ &= \gamma + \beta X_i + \rho\sigma_\varepsilon \lambda(-\delta Z_i) \end{aligned} \quad (5\text{-}13)$$

其中，$\lambda(\cdot)$ 为逆米尔斯函数。

类似地，对于未采用农业技术的农户而言，Y_i 的条件期望为

$$\begin{aligned} E(Y_i \mid T_i = 0, X_i, Z_i) &= \beta X_i + E(\varepsilon_i \mid T_i = 0, X_i, Z_i) \\ &= \beta X_i + E(\varepsilon_i \mid \delta Z_i + u_i \leqslant 0, X_i, Z_i) \\ &= \beta X_i + E(\varepsilon_i \mid u_i \leqslant -\delta Z_i, X_i, Z_i) \\ &= \beta X_i - \rho\sigma_\varepsilon \lambda(\delta Z_i) \end{aligned} \quad (5\text{-}14)$$

利用式（5-13）减去式（5-14），我们可得到采用农业技术和未采用农业技术的条件期望之差：

$$E(Y_i \mid T_i = 1, X_i, Z_i) - E(Y_i \mid T_i = 0, X_i, Z_i) = \gamma + \rho\sigma_\varepsilon \left[\lambda(-\delta Z_i) + \lambda(\delta Z_i)\right] \quad (5\text{-}15)$$

通过最大似然的估计方法可获得一致渐进有效的结果，模型的似然函数可使用标准方法将双变量正态分布变为单变量正态分布，其相关性为 σ_ε，则家庭 i 的对数似然函数等式可表示为

$$\ln L_i = \begin{cases} \ln\Phi\left[\dfrac{\delta Z_i + (Y_i - \gamma - \beta X_i)\rho / \sigma_\varepsilon}{\sqrt{1-\rho^2}}\right] - \dfrac{1}{2}\left(\dfrac{Y_i - \gamma - \beta X_i}{\sigma_\varepsilon}\right)^2 - \ln\left(\sqrt{2\pi}\sigma_\varepsilon\right), & T_i = 1 \\[4mm] \ln\Phi\left[\dfrac{-\delta Z_i + (Y_i - \beta X_i)\rho / \sigma_\varepsilon}{\sqrt{1-\rho^2}}\right] - \dfrac{1}{2}\left(\dfrac{Y_i - \beta X_i}{\sigma_\varepsilon}\right)^2 - \ln\left(\sqrt{2\pi}\sigma_\varepsilon\right), & T_i = 0 \end{cases}$$

$$(5\text{-}16)$$

其中，$\Phi(\cdot)$为标准正态分布的累积分布函数。

5.4.2　实证结果分析

为避免内生性问题造成的估计结果偏误，利用内生处理模型获得的结果如表 5-9 所示。

表 5-9　技术采用对农业产值的内生处理效应模型

变量	系数	标准误	P 值
农业产值的对数			
年龄	−0.010***	0.000	0.000
受教育年限	0.002	0.006	0.848
总耕地面积	0.004***	0.001	0.000
总耕作时间	0.001***	0.000	0.000
技术采用	1.839***	0.081	0.000
内生处理变量回归（采用农业技术）			
年龄	0.000	0.000	0.807
受教育年限	0.026***	0.011	0.003
劳动力人数	0.073**	0.032	0.012
认知能力	0.152***	0.020	0.000
总耕地面积	0.003***	0.001	0.001
健康状况	0.092***	0.019	0.000
婚姻状况	0.341***	0.081	0.000
经济状况	0.271***	0.030	0.000
家庭人数	−0.030	0.222	0.167
样本量	2038		
Wald 统计量（P 值）	741.3（0.000）		

和*分别表示在 5%和 1%水平上显著

根据表 5-9 所展示的结果可以看出，在内生处理效应的模型估计下，估计结果仍然表明农业技术的采用对农业生产力提高具有促进作用，这与倾向得分估计结果是一致的，从而保证本章估计结果的稳健性。在内生处理变量回归的结果中可以看出，家庭特征对农户是否采用农业技术具有显著的影响，与倾向得分估计结果相一致。受教育年限和健康状况反映了农户的人力资本，而人力资本水平对农业技术的采用具有显著的正向作用。近年来，我国农村社会事业改革的全面推进，如公共财政对农村义务教育的全面保障、新农合的实施与全覆盖及城乡基本医疗保障制度的并轨，有利于提升农户健康人力资本和教育人力资本，从而对农村地区的农业技术采用也具有重要政策含义。总耕地面积对农业技术的采用有正向影响，说明大型农场比小型农场更倾向采用新技术。技术采用带来的经济效应的系数估计值表明，农户在采用技术情况下的农业生产总值比未采用技术下高出 1.839 倍，其经济意义非常显著。

5.5 本 章 小 结

在农业现代化进程中，农业新技术的采用至关重要。因此对采用农业技术的效果评价也就更有现实意义。本章的主要工作是利用倾向得分匹配法对农户采用技术对农户福利和生产力进行影响效应评估。首先，使用 Probit 模型获得农户采用农业技术的倾向得分，模型估计结果表明，户主特征（户主受教育年限、认知能力、健康状况和婚姻状况）和家庭特征（经济状况、家庭人数及总耕地面积）对农户家庭是否采用农业技术具有显著影响。之后，利用近邻匹配、卡尺匹配和核匹配三种不同的匹配方法找到实验组的对照组，发现农户采用技术能够提高农业生产力、增加农户家庭收入和提升农户消费水平，进而改善农户的福利状况。此外，根据农户的受教育年限、农户家庭总耕地面积及家庭的农业耕作时间的不同，将总样本分为两个对应的子样本进行异质性分析，结果表明虽然样本有所不同，且农业技术的采用都能对农户的农业生产和福利状况产生正向的影响。但是，影响效应大小会有所差异。受教育年限高、农业耕作时间长和家庭总耕地面积比较大的农户采用农业技术，家庭农业生产力和家庭消费支出较高。此外，为避免内生性问题导致估计结果的偏误，本章利用内生处理模型进行稳健性检验，研究结果发现，内生处理模型得到的结果与倾向得分匹配法获得的处理效应结果一致，体现本章结论的可靠性。

结合本章的研究结论，具体的政策建议如下。

首先，立足于农户的需求，不能一味地追求快捷简单和盲目的传递方式，而是要具体问题具体分析，将技术因地制宜、因人而异，针对不同的地区、不同的农业生产禀赋，为农户提供多样化的技术，满足不同地区不同农户的需求。例如，在粮食生产区，为农户提供投入成本少，有利于规模化生产的农业技术，而在经济作物种植区，为农户提供无污染、无公害的农药和化肥，让越来越多的绿色安全食品进入人民的生活。

其次，农业技术采用，还需要政府进行宏观的把控。政府应该建立更多的公共科技服务机构，满足农户对新技术的求知。此外，有必要发展企业+合作社+农户的多元化生产模式。通过机构、企业、合作社和农户的广泛参与，以及各个层面的分工协作形成新型的农业技术创新体系，公共科技服务机构专业的服务和技术指导、市场引导下企业带来的通畅的销售渠道以及农业生产劳动力的投入，不仅有利于农业技术的推广，而且提高农户生产积极性和农业产出。此外，为保证技术的推广，资金的支撑也不可避免，政府应该调动农村金融，加大对农业技术采用的帮扶力度，保证农业技术的顺利推广。

最后，有了政府的支持和农户的生产积极性，还需要摸索技术推广的模式。改变以往的单一推广模式，做好技术推广的技术培训，不仅为农户集中培训，也要建立技术推广示范单位和示范点，对农户起到引领作用。组织高技术人才深入人民群众中，开展一对一的技术推广活动，做好农户的产前、产中和产后的指导与服务，促进农业科研成果和农业技术尽快运用到农业中，保障农业又快又好发展。

第6章 农业生产投入视角下农户借贷的福利效应研究

20 世纪 90 年代以来，中国农业发展取得了举世瞩目的成就，粮食产量基本实现自给自足，农民生活水平不断提高，截至 2015 年，我国农村居民家庭人均可支配收入已达到 11 421.7 元[①]。从微观角度来看，农民的农业生产积极性却在逐年减弱，农村家庭成员中身体素质好、技能水平高的青壮年劳动力进城打工，老、弱和妇女从事农业生产，兼业化情况极为普遍，很多地区甚至出现了耕地"撂荒"现象。形成上述问题的根本原因在于，我国农业的劳动生产率长期低于工业和服务业的劳动生产率，因此，向城镇和非农部门转移成为理性农民的必然选择。实现从传统农业向现代农业的生产方式转变，不但有利于提升农业生产率、增加农民收入，而且对于促进农村经济发展、保障国家粮食安全也具有重要意义。然而由于农业的弱质性和高风险特征，仅依靠农户的自有资金投入无法实现这一转变过程，亟须国家和社会的资金扶持。2015 年 1 月中国人民银行下发的《关于完善信贷政策支持再贷款管理政策支持扩大"三农"、小微企业信贷投放的通知》，改进支农和支小再贷款发放条件，明确金融机构借用央行借贷政策支持再贷款发放"三农"、小微企业贷款的数量和利率量化标准[②]。在此经济背景下，准确评估我国农村金融政策的实施绩效至关重要。有多少农村家庭从补贴性贷款中受益？农户将多少借贷资金投入农业生产中？由借贷引致的农业投入的福利效应如何？这是本章试图回答的关键性问题。

现有农户借贷的福利效应研究存在的问题：其一，将农户借贷对农业生产投入和农民增收的影响分析割裂开来，没有对三者之间的影响传导路径进行理论探讨；其二，在研究方法方面，多数文献没有考虑借贷可获得性与农户福利之间的反向因果关系以及样本异质性问题，这将导致实证结果是有偏的和非一致的；

---

① 资料来源于中经网统计数据库（http://db.cei.cn）。

② 资料来源于 http://www.gov.cn/xinwen/2015-01/16/content_2805132.htm。

其三，在研究中没有能够对农户自有资金投入和借贷资金投入进行合理区分，因此，也就无法准确测算借贷资金投入所产生的收入效应及其对农业收入增长的贡献。

针对现有文献不足，本章的研究设计安排如下：6.1 节通过对农户借贷资金的来源和用途进行分析，阐释借贷行为影响农户福利的传导路径，并给出本章的研究假设；6.2 节基于倾向得分匹配法构建一个合理的反事实研究框架，用来解决由反向因果关系和样本异质性所导致的模型结果估计偏误问题；6.3 节基于Logit 模型估计农户借贷方程并计算农户借贷的倾向得分，从而实现对借贷家庭样本的匹配；6.4 节评价农户借贷的福利效应，并对福利效应的异质性特征和形成机制进行讨论；6.5 节给出结论和政策建议。

6.1　借贷行为影响农户福利的传导路径与研究假设

农户借贷如何通过影响农业生产投入，进而提升福利水平呢？为回答这一问题，本章首先对农户借贷资金的来源和用途进行分析，进而理清借贷行为影响农户福利的传导路径。

6.1.1　借贷行为影响农户福利的路径分析

从农户借贷的资金来源看，我国农村借贷市场呈现出正规金融机构和非正规私人部门并存的二元结构，且非正规私人借贷占主导地位。形成上述局面的主要原因是正规金融机构的借贷资金对农户生产的支持力度不足（韦克游，2014）。一方面，正规借贷较民间借贷①的门槛更高，借贷额度更少，借贷期限更短。尽管政府对农村金融机构的财政支持力度不断加大，投入大量资金发展农村低息贷款，但为了规避信贷违约风险，农村金融机构对于农户借贷仍表现出很强的借贷情绪，通过提高农户的贷款利息、抵押担保条件，甚至人为造成申请贷款的手续和环节复杂来提高农户的借贷门槛。另一方面，农户的分散化、规模小、资金需求"短、频、急"等特点也使农户的借贷成本相应增高。相对而言，私人部门的借贷程序简单、方便、耗时短，使农户更容易获得贷款，但民间放贷机构的利息也相对较高，因此除非出现紧急状况，否则农民不会轻易进行借贷。农户的另一个非正规借贷途径是向亲戚朋友借款，虽然利息很低或者基本上是零利息，但所

---

① 正规借贷是指农户从正规银行金融机构获得的贷款；民间借贷又称为非正规借贷或非正规私人借贷，是指农户从民间放贷机构或者私人获得的贷款。

获得的贷款数额一般不会太大。

此外，农户从两种借贷渠道取得贷款的用途也不相同。通常来说，农户从正规金融机构获得的贷款主要用于农业生产投入，这是因为金融机构向农户发放贷款需要经过严格的审核评估，从中挑选出还贷能力最强或违约风险最小的农户来发放贷款。因此，金融机构一般更偏向生产性借贷。当农户在生活中需要借贷时，如子女上学或老人看病，通常只能向民间放贷机构或者亲戚朋友借贷。因此，农户从正规金融机构获得的贷款主要用于生产，从非正规部门获得的贷款除了可用于生产外，更倾向用于日常生活（金烨和李宏彬，2009）。基于上述讨论，本章构建了农户借贷行为影响农户福利的传导路径（图6-1）。

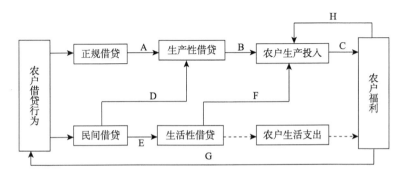

图 6-1　农户借贷行为影响农户福利的传导路径

图 6-1 描述了农户借贷通过影响农业生产投入，进而提升农户福利的两条不同路径。第一种情况是以调整生产要素配置为目标而进行的生产性借贷，其直接影响到农户的生产投入水平（根据获得贷款的部门不同，又可以区分为 A—B—C 和 D—B—C 两条路径）。获得贷款后，一部分农户将在现有的生产技术边界下进行帕累托改进，提升资源的配置效率；另一部分农民则致力于调整技术边界，从相对较低的技术边界跨越到较高的技术边界，此时，农户的生产要素组合也将随之发生变化。无论哪一种情况都能够提升农户的要素回报率，进而增加农户的福利水平。由于农户的资源禀赋不同，故对借贷的反应敏感度也不相同。通常来说，生产规模大的农户更有可能将贷款投入农田基础设施建设或购买大型农用机械，由贷款引致的生产投入会更高；生产规模小的农户则主要将贷款用于购买种子、农药、化肥等中间投入，由贷款引致的生产投入相对较小。

第二种情况是以改善生活状况为目标进行的生活性借贷，能够间接影响农户的生产投入水平（E—F—C 路径）。农户通过私人部门获得借贷资金用于支付家庭临时性大额支出可以保证当期的生产经营资金不受影响，避免农户生产投入下降而导致的收入减少问题，维持家庭生产的正常运行。此外，生活性借贷的主要功能不仅仅是平滑消费，其对农业生产具有更深层次的影响。在短期内，农户进行生活性借贷会使其偿还贷款的压力增大，激发农户的生产经营潜力，促使家庭优化现有的生产投入，从而提高收入以偿还借贷资金；从长期来看，用于子女教育和家庭成员医疗等方面的生活性支出，有利于从根本上提高农户的技术边界和收入水平（童馨乐等，2011）。

从图 6-1 中我们还可以看出，随着农户福利水平的提高（拥有更多的物质资本和更高的收入），不但会提升农户获得贷款的可能性（路径 G），而且农户使用自有资本进行生产投入的能力也会相应增强（路径 H）。上述分析结果表明，农户福利对农户借贷行为和生产投入具有反作用。此外，由于本章研究的重点是生产性借贷对农户福利的影响，对于"生活性借贷如何通过影响农户生活支出，进而影响农户福利"路径，我们没有做进一步分析。

6.1.2　农户借贷的生产投入效应假设

通过生产投入视角分析农户借贷的福利效应，需要解决的另一个关键性问题是确定农户的借贷资金有多大比例投入农业生产中。为此，本章将农户的实际生产投入量划分为意愿投入和引致投入两部分。其中，意愿投入是指农户在无贷款条件下的生产投入量；引致投入是指农户获得贷款后新增的生产投入量。本章假定一个家庭原计划投入 k_0（意愿投入）到农业生产中，如果该家庭能够获得的贷款为 π，实际生产投入量为 k，则贷款的引致投入可以表示为 $k_1 = k - k_0$。农户借贷的生产投入效应可区分为以下三种情况。

情况 1：若贷款的引致投入满足 $k_1 = 0$，意味着农户将贷款 π 全部用于日常生活或其他用途而没有用于生产，此时称农户借贷是"完全无效应"的。

情况 2：若贷款的引致投入满足 $0 < k_1 \leqslant \pi$，则意味着农户仅将贷款 π 中的一部分用于农业生产，其他部分用于日常生活消费，此时称农户借贷具有"部分效应"。

情况 3：若贷款的引致投入满足 $k_1 > \pi$，表明获得借贷刺激了农户扩大投资的积极性，农户新增的生产投入量超出了贷款 π，此时称农户借贷具有"加速效应"。

通过对上述三种情况进行检验，不但有利于判断农户借贷的主要用途，而且对于农户借贷净福利效应的测算及其来源分析具有重要意义。需要注意的是，对于没有获得贷款的农户，其实际生产投入可作为意愿投入；而获得贷款的农户的意愿投入和引致投入均为不可观测变量，需要采用反事实方法对其进行估算。

6.2　评估农户借贷生产投入效应的反事实研究框架

为检验农户借贷的生产投入效应，最直观的方式是比较家庭在借贷前后的生产投入量变化，通常有两种方案可以实现这一目标。第一种方案是利用追踪调查的两期面板数据，且农户在第一期没有借贷而在第二期获得借贷，假设在两期内农户的生产环境不发生改变，则两期的生产投入的差额为借贷的引致投入。第二种方案是使用横截面数据，通过反事实分析方法计算同一农户在借贷和非借贷情况下的生产投入量①，两者之间的差值可作为借贷的引致投入。相比较而言，第二种方案由于所使用的数据易于获得，不需要强的前提假设，而且能够有效处理模型中的样本异质性、遗漏变量和内生性等问题，故在微观计量分析中被广泛应用。

基于反事实分析方法测算农户借贷的生产投入效应的一般思路如下：将农户 i 的实际生产投入记为 Y_i，用一个两值变量 T_i 来描述农户借贷行为，其中，$T_i=1$ 表示农户获得贷款，$T_i=0$ 表示农户未获得贷款，则每个家庭的生产投入存在两种潜在结果：

$$Y_i^* = \begin{cases} Y_{1i}, & \text{若 } T_i = 1 \\ Y_{0i}, & \text{若 } T_i = 0 \end{cases} \tag{6-1}$$

其中，Y_{1i} 表示农户 i 获得贷款时的生产投入；Y_{0i} 表示农户 i 未获得贷款时的生产投入。观测到的结果变量 Y_i 可以用潜在结果的线性组合来表示，即

$$Y_i = Y_{0i} + \left(Y_{1i} - Y_{0i}\right)T_i \tag{6-2}$$

其中，差值（$Y_{1i}-Y_{0i}$）为由借贷引起的农户新增的生产投入量（又称为处理效应）。由于对于特定的农户 i 而言，Y_{1i} 和 Y_{0i} 无法同时观测到，故需要对借贷的处理效应进行估计。

通常来说，传统 OLS 是基于可观测事实的估计，即将观测到的借贷农户和非借贷农户的生产投入期望的差值作为农户借贷的引致投入的估计值。可进一步分解为

$$E\left(Y_i|T_i=1\right) - E\left(Y_i|T_i=0\right) = \underbrace{E\left[\left(Y_{1i} - Y_{0i}\right)|T_i=1\right]}_{\text{第1项}} + \underbrace{E\left(Y_{0i}|T_i=1\right) - E\left(Y_{0i}|T_i=0\right)}_{\text{第2项}}$$

$$\tag{6-3}$$

---

① 对于借贷农户，只能观测到其在借贷情况下的生产投入量，在非借贷情况下的生产投入量是不可观测变量；同理，对于非借贷农户，只能观测到其在非借贷情况下的生产投入，而在借贷情况下的生产投入是不可观测变量。

　　式（6-3）右端的第 1 项称为处理组（借贷农户样本集合）的平均处理效应。Winship 和 Morgan（1999）指出，在评估一项政策是否有效时，不在于该项政策是否对所有个体均有益，而在于被分配到或可能分配到处理组中的个体是否有益。鉴于此，使用该指标评价借贷的引致投入效应更具合理性。式（6-3）右端的第 2 项表示借贷家庭和非借贷家庭在未获得贷款情况下的生产投入差额，这是由家庭异质性带来的选择性偏差。因此，使用传统 OLS 估计的引致投入效应是借贷家庭的平均处理效应与家庭异质性带来的选择性偏差的线性组合，意味着 OLS 结果是有偏的和非一致的。

　　倾向得分匹配法能够较好地解决由个体异质性带来的选择性偏误问题。其基本研究思想如下：将农户借贷行为看作一个干预实验，并将借贷户样本集合称为处理组。进而，基于非借贷户样本集合，为每个借贷户挑选或构造一个非借贷户与之进行匹配，并保证两样本家庭除借贷行为不同外，其他特征均近似相同。因此，两组样本的结果变量（生产投入）可以看作同一组个体的两次不同实验（借贷与非借贷）结果，其结果变量差值为借贷的引致投入。构造得到的非借贷户集合称为处理组的对照组。为实现这一目的，首先，在给定协变量向量 X_i 的条件下，估计农户 i 获得贷款的条件概率 $p_i = P(T_i = 1 | X_i)$（Rosenbaum and Rubin，1983），它是协变量向量 X_i 信息的综合度量，称为倾向得分；其次，为每个借贷户匹配一个倾向得分相近的非借贷户，从而构造一个统计对照组。在本质上，匹配模型创造了一个随机实验条件，使借贷户和非借贷户可以直接比较。并满足以下两条假设：①在给定倾向得分和协变量向量 X_i 的条件下，结果变量 Y_i 与 T_i 相互独立，该假设被称为条件独立性假设；②给定协变量 X_i，有 $0 < p_i < 1$ 成立，该假设称为匹配假设或共同支撑域条件。共同支撑域条件剔除掉倾向得分分布的尾部，从而提高了匹配质量，且非参数方法只有建立在共同支撑域上才有意义（Rosenbaum and Rubin，1985）。

6.3　农户借贷方程估计与样本匹配

　　本节所使用的农村住户调查数据来源于 2012 年 CFPS 数据集。CFPS 由 ISSS 实施，重点关注中国居民的经济与非经济福利，包括经济活动、教育成果、家庭关系与家庭动态、人口迁移、健康等在内的诸多研究主题，是一项全国性、大规模、多学科的社会跟踪调查项目。调查数据分为个体、家庭和社区三个层次，覆盖我国 25 个省（区、市），目标样本规模为 16 000 户。

6.3.1　数据指标的统计描述

本节研究的数据处理过程分为两个阶段。首先，剔除到城镇和不从事农业生产活动的家庭样本；其次，由于本节研究农户借贷及其福利效应，为保证样本的代表性，剔除北京、上海、天津和重庆 4 个直辖市样本，以及缺失家庭特征变量数据的样本，最终选择 3 925 户样本家庭。表 6-1 给出了 2012 年我国 21 个省（区）样本农户的借贷分布情况。

表 6-1　2012 年我国 21 个省（区）样本农户的借贷分布情况

省（区）	总户数/户	正规借贷		民间借贷		正规借贷∩民间借贷		正规借贷∪民间借贷	
		户数/户	占比	户数/户	占比	户数/户	占比	户数/户	占比
河北	307	11	3.6%	86	28.0%	7	2.3%	90	29.3%
山西	208	17	8.2%	59	28.4%	8	3.8%	68	32.7%
辽宁	426	40	9.4%	85	20.0%	8	1.9%	117	27.5%
吉林	64	5	7.8%	20	31.3%	2	3.1%	23	35.9%
黑龙江	64	13	20.3%	12	18.8%	6	9.4%	19	29.7%
江苏	32	2	6.3%	9	28.1%	2	6.3%	9	28.1%
浙江	35	4	11.4%	6	17.1%	1	2.9%	9	25.7%
安徽	64	9	14.1%	24	37.5%	3	4.7%	30	46.9%
福建	35	4	11.4%	12	34.3%	3	8.6%	13	37.1%
江西	107	11	10.3%	41	38.3%	7	6.5%	45	42.1%
山东	226	8	3.5%	59	26.1%	2	0.9%	65	28.8%
河南	537	26	4.8%	133	24.8%	10	1.9%	149	27.7%
湖北	42	4	9.5%	13	31.0%	2	4.8%	15	35.7%
湖南	106	2	1.9%	36	34.0%	2	1.9%	36	34.0%
广东	177	6	3.4%	70	39.5%	4	2.3%	72	40.7%
广西	88	10	11.4%	31	35.2%	3	3.4%	38	43.2%
四川	180	15	8.3%	34	18.9%	3	1.7%	46	25.6%
贵州	150	22	14.7%	43	28.7%	15	10.0%	50	33.3%
云南	187	58	31.0%	53	28.3%	18	9.6%	93	49.7%
陕西	91	5	5.5%	18	19.8%	1	1.1%	22	24.2%
甘肃	799	103	12.9%	227	28.4%	43	5.4%	287	35.9%
合计	3 925	375	9.6%	1 071	27.3%	150	3.8%	1 296	33.0%

注：“正规借贷∩民间借贷”表示既获得正规借贷同时又获得民间借贷的家庭样本的集合；“正规借贷∪民间借贷”表示获得正规借贷或民间借贷的家庭样本的集合

表 6-1 中的统计数据显示，在 3 925 户农村家庭样本中，共有 1 296 户家庭获得贷款，占家庭总数的 33.0%。从借贷的途径来看，仅有 375 户家庭获得正规借

贷，约占借贷农户总数的 28.9%；有 1 071 户家庭获得民间借贷，占借贷农户总数的 82.6%。在民间借贷中，93.1%的家庭向亲戚朋友借贷，6.9%的家庭通过民间金融组织或其他渠道借贷①。上述分析表明，农户向非正规金融机构借贷远比向正规金融机构借贷普遍，农村信贷渠道主要来源于向亲戚、邻居和朋友借贷。由于农村正规金融管理体制以及产权制度存在缺陷等问题，故其不能有效满足农户的信贷需求，这为农村民间金融发展提供了巨大的成长空间（曲小刚和罗剑朝，2013）。纵向比较来看，各省（区）的借贷发生率极其不均衡，其中，云南的借贷发生率最高，为 49.7%，陕西的借贷发生率最低，为 24.2%。此外，绝大多数省（区）的民间借贷比例要显著高于正规借贷比例，其中，广东的民间借贷占比接近 40%，大概是其正规借贷占比的 10 倍。只有黑龙江和云南两省的正规借贷占比和民间借贷占比基本持平。上述事实表明，省（区）的金融发展、社会文化和经济状况等对农户借贷行为具有重要影响。

　　为进一步确定农户借贷的决定因素，表 6-2 给出了 2012 年借贷农户与非借贷农户经济指标差异的统计描述。根据农户借贷的途径不同，借贷户被分为两种类型：正规借贷和民间借贷。福利指标分别用家庭农业生产投入和家庭农业纯收入来衡量②；农户借贷的决定因素从三个层次选择：户主特征、家庭特征和外部环境，具体的指标选择参见表 6-2。

表 6-2　2012 年借贷农户与非借贷农户经济指标差异的统计描述

指标类型	指标名称	正规借贷			民间借贷		
		借贷户	非借贷户	差值	借贷户	非借贷户	差值
福利指标	家庭农业生产投入/万元	0.86	0.41	0.45***	0.55	0.41	0.14***
	家庭农业纯收入/万元	1.90	1.02	0.88***	1.10	1.02	0.08
户主特征	户主年龄/岁	45.21	49.98	-4.77***	46.37	49.98	-3.61***
	户主教育虚拟变量（初中及以上教育=1；否则=0）	0.13	0.08	0.05***	0.10	0.08	0.02
家庭特征	家庭劳动力数量/人	2.18	1.92	0.26***	2.05	1.92	0.13***
	家庭耕地种植面积/亩	15.93	10.26	5.67***	12.13	10.26	1.87**
	家庭相应借贷经历（是=1；否=0）	0.49	0.09	0.40***	0.47	0.27	0.20***
	家庭社会网络/万元	0.12	0.06	0.06	0.20	0.06	0.14***

　　① 正规借贷占借贷农户总数的比例=375/1 296=28.9%；民间借贷占借贷农户总数的比例=1 071/1 296=82.6%。在正规借贷中，向亲戚朋友借贷的比例，以及向民间金融组织或其他渠道借贷的比例由原始样本数据计算得到。
　　② 图 6-1 显示，农户获得贷款后通过增加农业生产投入量，进而增加其家庭农业纯收入。因此，本章将家庭农业生产投入作为衡量农户福利的中间指标，将家庭农业纯收入作为衡量农户福利的最终指标。

续表

指标 类型	指标名称	正规借贷			民间借贷		
		借贷户	非借贷户	差值	借贷户	非借贷户	差值
家庭 特征	家庭人均现金存款/万元	0.26	0.41	−0.15*	0.12	0.41	−0.29***
	家庭负担系数	0.25	0.43	−0.18**	0.29	0.43	−0.14**
外部 环境	省份农产品价格指数	102.48	102.32	0.16*	102.39	102.32	0.07*
	省份银行网点数/个	84.36	79.35	5.01***	77.91	79.35	−1.44*

*、**和***分别表示在 10%、5%和 1%水平上显著

注：家庭社会网络用该家庭获得亲友赠予的资金数量来衡量；家庭负担系数用农户教育和医疗支出占家庭总支出的比例来衡量

表 6-2 中的统计数据显示，借贷户与非借贷户的福利指标呈现出较为明显的差异特征。其中，无论是正规借贷还是民间借贷方式，借贷家庭的农业生产投入均显著高于非借贷家庭，差值分别为 0.45 万元和 0.14 万元。此外，获得正规借贷的家庭农业纯收入亦显著高于非借贷家庭，差值为 0.88 万元，而获得民间借贷的家庭农业纯收入与非借贷家庭无显著差异。上述结果表明，借贷对农户福利具有显著影响，但不同途径贷款的影响效果存在异质性。对于借贷户和非借贷户样本，其他各类经济指标同样显示出明显的统计差异特征，这将有助于我们分析和确定影响农户借贷行为的决定因素。需要特别注意的是，由于农户能否获得贷款与其能力和特征相关，故上述关于借贷户与非借贷户分组中的样本并不是随机形成的。鉴于此，我们须谨慎使用表 6-2 中的统计结果，并建立因果关系来检验借贷行为对家庭农业生产投入和农业纯收入的影响。

6.3.2　农户借贷方程估计

为实现借贷户与非借贷户样本匹配，首先需要构建并估计一个衡量农户获得贷款可能性的 Logit 模型，称为农户借贷方程。实际借贷发生既体现了家庭借贷需求同时也体现了其偿还能力，仅有借贷需求而没有偿还能力，则家庭无法申请到贷款；反之，仅有偿还能力而没有借贷需求，则家庭不会去申请借贷（孙善侠和史清华，2009）。因此，本章从借贷需求和偿还能力两个方面选择 Logit 模型的解释变量，并参考表 6-2 中的统计结果，构建如下形式的农户借贷方程：

$$\ln \frac{p_i}{1-p_i} = \beta_0 + \beta_1 \mathrm{Age}_i + \beta_2 \mathrm{Age}_i^2 + \beta_3 \mathrm{Edu}_i + \beta_4 \mathrm{Labor}_i + \beta_5 \mathrm{Area}_i + \beta_6 \mathrm{Exp}_i \tag{6-4}$$
$$+ \beta_7 \mathrm{Soc}_i + \beta_8 \mathrm{Dep}_i + \beta_9 \mathrm{Bur}_i + \beta_{10} \mathrm{Price}_i + \beta_{11} \mathrm{Net}_i + u_i$$

其中，$i=1,2,\cdots,n$ 为农户，$p_i = P(T_i = 1 \mid X_i)$ 为农户 i 获得贷款的条件概率。本章需要估计两个农户借贷方程：正规借贷方程和民间借贷方程。估计正规借贷方程使

用的样本集合包括 2 629 户未获得借贷的家庭和 375 户获得正规借贷的家庭, 合计 3 004 个样本; 估计民间借贷方程使用的样本集包括 2 629 户未获得借贷的家庭和 1 071 户获得民间借贷的家庭, 合计 3 700 个样本, 两方程的极大似然估计结果由表 6-3 给出①。

表 6-3　基于 Logit 模型的农户借贷方程估计结果

指标类型	指标名称	正规借贷方程	民间借贷方程
户主特征	户主年龄 (age$_i$)	0.061*	0.034
	户主年龄平方 (Age$_i^2$)	-0.001**	-0.001**
	户主教育虚拟变量 (Edu$_i$)	0.265*	0.107
家庭特征	家庭劳动力数量 (Labor$_i$)	0.164***	0.094**
	家庭耕地种植面积 (Area$_i$)	0.013***	0.004*
	家庭相应借贷经历 (Exp$_i$)	2.084***	0.757***
	家庭社会网络 (Soc$_i$)	-0.091	0.511***
	家庭人均现金存款 (Dep$_i$)	-0.053	-1.788***
	家庭负担系数 (Bur$_i$)	-0.135	-0.096**
外部环境	省份农产品价格指数 (Price$_i$)	0.268***	0.055
	省份银行网点数 (Net$_i$)	0.544**	-0.467***
统计检验	Pseudo R^2	0.161	0.108
	LR 统计量	347.27***	440.20***
	样本容量	3 004	3 700

*、**和***分别表示在 10%、5%和 1%水平上显著

1. 户主年龄和教育水平是农户借贷的重要影响变量

户主是家庭生产决策的主要制定者和执行者, 户主年龄和教育水平作为重要的人力资本变量能够反映出家庭制定决策时的风险偏好程度, 以及对借贷渠道的选择。从借贷需求角度来看, 户主的教育水平越高越有可能作出理性的生产决策和风险评估, 更倾向向正规金融机构借贷; 而年轻户主则具有更强的生产积极性和冒险精神, 更有可能为扩大生产规模进行借贷。从还贷能力来看, 教育水平高意味着对资金的利用会更有效率, 而年轻户主家庭则意味着有更强的发展潜力, 因此借贷机构或个人更愿意将钱借给这类家庭。表 6-3 显示, 教育水平对正规借贷具有显著正向影响, 但对民间借贷的影响不显著。这表明正规机构更倾向通过

---

① 根据 Logit 模型的建模估计的一般思路, 利用可观察变量 T 作为被解释变量, 实现对农户借贷方程 (6-4) 的参数估计。

户主教育水平来评价贷款家庭的还贷能力；而民间贷款机构或个人可能对借贷者的现实还贷能力信息了解更为充分，不必使用教育水平作为衡量还贷能力的中介变量。对年龄及其平方项系数的估计结果显示，当户主年龄超过某一阈值时（正规借贷的阈值是 32 岁①），农户获得贷款的概率开始逐渐下降。

2. 家庭社会网络和借贷经历有利于提升农户获得贷款的可能性

作为一个重视"关系"的传统国家，中国普遍存在的社会网络会对人们的生产经营等经济活动产生重要的影响，农村的借贷活动也不可避免地受到社会网络的影响，尤其是对非正规渠道的借贷活动而言（胡枫和陈玉宇，2012）。例如，农户之间的借贷关系在大多数情况下建立于相互之间的信任与情感，很少以抵押担保或者合同的形式执行（杨汝岱等，2011）。本章选择家庭获得亲友赠予的资金总量作为社会网络的替代变量，家庭获得的赠予越多，意味着家庭拥有越广泛的人脉和社会关系，可供其选择的借款的渠道也就越多。表 6-3 显示，家庭社会网络对民间借贷具有显著的正向影响，但对正规借贷的影响为负且不显著，可能的原因是若家庭能够较为方便或低成本地从亲友中获得贷款，会降低其从正规金融机构借贷的需求。

对于贷款机构而言，借款农户的信用是其考核的一个重要的风险指标。由于我国的个人信用体系尚不完善，贷款机构只能根据借款农户在以往借贷经历中能否及时偿还贷款作为评价农户信用的依据，故有过贷款经历的家庭获得贷款的可能性会更高。在两个借贷方程中，家庭相应借贷经历变量均对农户借贷具有显著的正向影响，这与理论预期相一致。需注意的是，家庭相应借贷经历对正规借贷的影响系数（2.084）要明显高于对民间借贷的影响（0.757），表明正规金融机构对借贷风险的监控更为严格。

3. 其他家庭特征变量对农户借贷行为的影响

家庭劳动力数量能够反映一个家庭的人口结构和生产能力。通常来说，劳动力数量越多则家庭生产规模就越大，需要的资金投入就越多，对借贷的需求也会更强烈。同时，劳动力数量越多意味着家庭的生产能力和创收能力就越强，其还款能力也会更有保证。表 6-3 结果显示，家庭劳动力数量对两种模式借贷均具有显著的正向影响，但相对来说，其对正规借贷的影响效应要更大一些。家庭耕地种植面积对农户借贷的影响机制与家庭劳动力数量类似，家庭耕地种植面积越大意味着生产时需要的资金越多，而收获时的产出也越多，因此，该变量对农户借贷应具有正向影响。表 6-3 的结果支持了上述分析，但我们需要注意，家庭耕地

---

① 对于民间借贷方程，由于年龄变量的系数不显著，故本章没有计算其对应的阈值。

种植面积对农户借贷行为的影响要普遍弱于家庭劳动力数量。

本章利用农户家庭教育和医疗支出占家庭总支出的比例,来衡量家庭消费负担对农户借贷行为的影响,并将该比值称为家庭负担系数。通常来说,一个家庭的负担越重,其借贷的意愿就会越强烈,但多数借贷资金会被用于消费。从借贷机构的角度来看,家庭负担越重,农户偿还贷款的能力也就越弱,贷款机构(尤其是民间金融机构或私人)不愿意给此类家庭贷款。家庭人均现金存款变量反映了农户的财富和资金的拥有量,该变量对农户借贷的影响机制与负担系数刚好相反。现金存款越多意味着家庭的偿还能力越强,同时借贷需求也会越弱。因此,在理论上我们无法事先判断两个解释变量对农户借贷的作用方向。表 6-3 的结果显示,家庭负担系数和家庭人均现金存款在民间借贷方程中均表现出显著的负向影响,但在正规借贷方程中的影响不显著,这可能是农户和银行间的信息不对称所导致的。上述对比结果可能的启示意义在于,农户借贷需求和还款能力在借贷过程中发挥着同等重要的作用,任何一个方面出现问题,都会对农户借贷产生不利影响。

4. 外部环境变量对农户借贷行为的影响

省份农产品价格指数和银行网点数是影响农户借贷的重要的外部环境变量。其中,农产品价格与农户务农收入息息相关。当农产品价格上涨时,一方面会调动农户扩大生产规模进而增加生产投入的积极性,这将提升农户的借贷意愿;另一方面,农产品价格上涨有利于银行对借贷农户的收入和还款能力形成正向预期,此时,农户将更容易从银行获得贷款。表 6-3 显示,省份农产品价格指数变量对农户正规借贷具有显著的正向影响,但该变量在民间借贷方程中的作用不显著,这可能与私人或民间贷款部门对宏观经济变量的反应不敏感有关。省份银行网点数指标被用来衡量一个地区的金融体系的发展与完善程度。完善的金融体系不仅仅意味着农户能够更为便利地向银行借贷,而且有利于保障国家政策性金融贷款的顺利发放。表 6-3 显示,该变量对农户正规借贷具有显著的正向影响,这与理论预期相一致,但对农户民间借贷具有显著的负向影响,表明正规借贷对民间借贷具有一定的挤出效应。

6.3.3 倾向得分估计与匹配质量检验

在得到农户借贷方程(6-4)的参数估计结果之后,就可以利用式(6-4)中的可观测解释变量来计算农户 i 获得贷款的条件概率 p_i 的拟合值,此概率值为农户 i 的倾向得分。

进一步,利用拟合的倾向得分和数值方法为每个借贷户搜索其非借贷户"邻居"，并用倾向得分最接近的一个（或多个）非借贷户与之相匹配。在理论上存在多种方法均可以实现匹配，且匹配结果渐进等价。然而，实践表明由于各类方法对偏差和效率间的权衡不同，故不同匹配方法的匹配结果存在差异（Caliendo and Kopeinig，2008）。为了获得稳健的匹配结果，本章采用四种方法（表 6-4）为借贷户匹配非借贷户样本。此外，本章还进行了多种匹配质量检验，包括匹配之前的共同支撑域条件检验，以及匹配之后的平衡性检验。检验结果由表 6-4 给出。

表 6-4　倾向得分匹配质量检验结果

借贷方式	匹配方法	Pseudo R^2	LR 统计量	标准化偏差	样本损失值	共同支撑域
正规借贷	匹配前	0.164	352.69（0.000）	28.02		借贷户倾向得分区间：[0.004，0.783]　非借贷户倾向得分区间：[0.001，0.776]　共同支撑域：[0.004，0.776]
	1-5 匹配	0.001	0.86（1.000）	1.33	12	
	1-10 匹配	0.001	0.95（1.000）	1.91	10	
	核匹配 I	0.001	0.78（1.000）	1.74	2	
	核匹配 II	0.005	4.59（0.903）	4.88	0	
民间借贷	匹配前	0.102	416.07（0.000）	18.64		借贷户倾向得分区间：[0.011，0.946]　非借贷户倾向得分区间：[0.001，0.938]　共同支撑域：[0.011，0.938]
	1-5 匹配	0.002	4.53（0.911）	2.37	23	
	1-10 匹配	0.002	5.27（0.866）	3.01	21	
	核匹配 I	0.002	6.06（0.803）	2.87	20	
	核匹配 II	0.002	5.53（0.855）	2.28	1	

注：① "1-5 匹配"是为每个借贷户样本寻找倾向得分与之最接近的 5 个非借贷户样本，并将这 5 个非借贷户样本加权平均得到 1 个样本，该样本作为借贷户的匹配样本；"1-10 匹配"是利用 10 个非借贷户样本的加权平均值与借贷户样本匹配；"核匹配 I"是通过设定倾向得分窗宽为 0.06，并将倾向得分在窗宽内的所有非借贷户样本的加权平均与借贷户样本匹配；"核匹配 II"是通过设定倾向得分窗宽为 0.10，将倾向得分在窗宽内的所有非借贷户样本的加权平均与借贷户样本匹配。②圆括号内为LR统计量对应的 P 值。③由于共同支撑域与匹配方法无关，故对于某种借贷模式的不同匹配方法，存在相同的共同支撑域条件，但样本损失值与匹配方法有关

倾向得分匹配的一个重要前提假设是处理组（借贷农户）与对照组（非借贷农户）样本的倾向得分具有较大范围的重叠区间（称为共同支撑域），否则，处于共同支撑域之外的借贷户样本将无法实现有效匹配，导致过多的借贷户样本损失。表 6-4 的第 6 列和第 7 列估计结果显示，对于两种借贷模式的不同匹配方法，样本损失比例均相对较小，共同支撑域条件是令人满意的。以正规借贷中的 1-5 匹配为例，借贷户倾向得分区间为[0.004，0.783]，非借贷户倾向得分区间为[0.001，0.776]，共同支撑域为[0.004，0.776]，借贷户的样本损失值为 12 个，占借贷户样本总数的 3.20%。

倾向得分是农户借贷方程（6-4）中解释变量向量 X 所包含信息的综合度量，因此，倾向得分估计的一个主要目的是平衡借贷户与非借贷户之间的解释变量的分布。尽管在理论上 Rosenbaum（2002）证明了具有相同倾向值的处理组和对照

组个体在可观测到的向量 X 上具有相同的分布，这意味着匹配之后的样本在某个解释变量上的差异应该是随机差异而非系统差异的。在实践中我们还需要对其进行检验，检验方法主要有两种：一种是来自 Sianesi（2004）的研究，与匹配前相比较，匹配后的处理组和对照组之间的解释变量分布应该没有系统差异，Pseudo R^2 将变得更低，并且解释变量的联合显著性检验应该被拒绝（模型的 LR 统计量不显著）。另一种方法是来源于 Rosenbaum 和 Rubin（1985）定义的标准化偏差，是检验处理组与对照组之间解释变量的平衡性。在匹配之后，如果变量 X 在两组样本之间的标准化偏差大于 20，则意味着该匹配过程失败。表 6-4 的检验结果显示，匹配之后的解释变量的标准化偏差减少到 1.33%~4.88%，这大大降低了总偏误。似然比检验的 P 值表明，解释变量的联合显著性检验在匹配之前是统计显著的，而匹配之后总是被拒绝。Pseudo R^2 值也显著下降，正规借贷方程从匹配前的0.164下降到匹配后的0.001~0.005，民间借贷方程从匹配前的0.102下降到匹配后的 0.002。上述检验结果表明，就平衡两组样本之间的解释变量的分布而言，倾向得分估计和样本匹配是成功的。

6.4　农户借贷的福利效应评估及其形成机制研究

6.4.1　农户借贷福利效应测算

在获得有效的匹配样本之后，依据式（6-3）右端第 1 项定义测算农户借贷福利效应（ATT）的具体公式为

$$\text{ATT} = \frac{1}{N} \sum_{i \in I_1 \cap S} \left[y_{1i} - \sum_{k \in I_0} w(i,k) y_{0k} \right]$$

（6-5）

其中，I_1 为借贷组样本集合；y_{1i} 为借贷组样本的福利值；I_0 为对照组样本集合；y_{0k} 为与农户 i 相匹配的对照组样本的福利值；S 为共同支撑域；N 为借贷户样本个数。y_{0k} 的加权和被作为借贷组中的农户 i 在无借贷条件下的福利值，权重 $w(i,k)$ 的取值与匹配方法有关①。

表 6-5 给出了利用四种匹配方法测算的农户借贷的净福利效应（包括家庭农业生产投入和家庭农业纯收入），由于分析基于共同支撑域条件，故借贷组和对照组的解释变量分布位于相同区间。ATT 的显著性检验结果利用自助法得到，重

---

① "1-5 匹配"方法对应的权重系数为 0.2，"1-10 匹配"方法对应的权重系数为 0.1；对于核匹配方法，权重系数大小取决于农户 k 的倾向得分 p_k 与农户 i 的倾向得分 p_i 的距离，距离越大则权重值越小。

复抽样次数为 200 次。

表 6-5　农户借贷的净福利效应测算结果　　　　单位：万元

匹配方法	福利指标	正规借贷的 净福利效应（ATT）	民间借贷的 净福利效应（ATT）
1-5 匹配	家庭农业生产投入	0.235***	0.115***
	家庭农业纯收入	0.461***	0.048
1-10 匹配	家庭农业生产投入	0.223***	0.107***
	家庭农业纯收入	0.456***	0.047
核匹配 I	家庭农业生产投入	0.237***	0.115***
	家庭农业纯收入	0.486***	0.052
核匹配 II	家庭农业生产投入	0.282***	0.113***
	家庭农业纯收入	0.526***	0.050
平均值	家庭农业生产投入	0.244	0.113
	家庭农业纯收入	0.482	0.049

***表示在 1%水平上显著

　　观察表 6-5 发现，虽然各种匹配方法得到不同的量化结果，但从定性的角度来看，四种匹配方法的测算结果是一致的。其中，正规借贷对家庭农业生产投入和家庭农业纯收入均具有显著正向影响；而民间借贷仅对家庭农业生产投入具有显著正向影响，对家庭农业纯收入的作用效果不显著。在表 6-5 的最后两行给出四种匹配方法测算结果的平均值，相比较而言，正规借贷不仅具有较高的生产投入效应（0.244 万元），且其农业收入效应（0.482 万元）更为可观。此外，将表 6-5 的匹配结果与表 6-1 给出的描述性统计结果相比，我们发现基于倾向得分匹配法测算的正规借贷的生产投入效应和收入效应均远小于统计汇总结果（表 6-2 中测算的正规借贷中的借贷农户与非借贷户的家庭生产投入差值为 0.45 万元，家庭农业纯收入差值为 0.88 万元），这表明获得正规借贷家庭较非借贷家庭具有更强的自主投入和增收能力，两样本家庭间的个体异质性特征明显。倾向得分匹配法将借贷行为从其他影响农户福利的因素中独立出来，以便考察其对农户福利影响的净效应，计算结果更为精确。基于倾向得分匹配法测算的民间借贷的生产投入效应和收入效应与统计汇总结果相近。

　　此外，表 6-5 中的匹配结果还有助于我们分析农户借贷的用途，并检验"农户借贷的生产投入效应假设"。表 6-5 结果显示，正规借贷的引致投入（正规借贷对家庭农业生产投入的 ATT）为 0.244 万元，民间借贷的引致投入为 0.113 万元。根据 2012 年 CFPS 数据集中的两个相关问题："过去一年，不包括买房贷款，您家尚未还清的贷款总额（银行和信用社）是多少？"和"过去一年，您家通过亲戚/朋友或者民间借贷等途径借到的钱中，尚未还清的借款总额是多少？"，本章测算出获得正规借贷家庭的平均贷款额为 1.013 万元，获得民间借贷家庭的平均贷款额为 0.715 万元。基于上述数据结果，我们可以判定农户借贷对农业生产投入具有"部分效应"，即农户仅将全部贷款中的一部分用于农业生产，而将其他部分用于日常生活消费或非农投资，且用于农业生产投入的比例相对较小。其中，从正规银行机构获得的贷款约有 24.1%用于农业生产（当银行对贷款用途进行监管时，农户可通过减少自有资本投入来实现这一目的），而从民间金融机构或私人获得的贷款约有 15.8%用于农业生产。

6.4.2　农户借贷福利效应的差异性分析

为进一步理解借贷行为对不同样本群体的作用效果，本章分别依据受教育年限和实际劳均耕地面积将家庭划分为两组来检验借贷行为对农户福利的差别影响，基于最近邻居法（1-5 匹配）测算的不同组群的福利效应结果由表 6-6 给出。

表 6-6　农户借贷福利效应的组群差异比较结果　　　　单位：万元

分组指标	正规借贷		民间借贷	
	家庭农业生产投入	家庭农业纯收入	家庭农业生产投入	家庭农业纯收入
户主受教育年限小于等于 6 年	0.170*	0.356*	0.078	-0.122***
户主受教育年限大于 6 年	0.336***	0.625**	0.182***	0.242***
实际劳均耕地面积小于等于 5 亩	0.124*	0.169	-0.097***	-0.298***
实际劳均耕地面积大于 5 亩	0.380***	0.733***	0.407***	0.431***

*、**和***分别表示在 10%、5%和 1%水平上显著

教育水平是重要的人力资本变量，其不但对农户借贷行为具有显著影响，而且对借贷引致的家庭福利水平变化也具有重要作用。户主教育水平高意味着家庭在农业生产中具有更强的技术采用能力和生产管理经验，这将有利于增加借贷资本的边际收益。表 6-6 中的结果与理论预期相一致，即农户借贷的福利效应随着教育水平的提高而增加。值得注意的是，对于进行正规借贷的家庭，尽管低教育水平和高教育水平群体间的福利效应差异较大，但依旧表现为正向影响。对于进行民间借贷的家庭，低教育水平往往与福利损失相联系（借贷的收入效应为-0.122 万元，且统计显著）。产生这一后果的可能原因是，由于私人借贷部门很难对其贷款的使用情况进行引导和监管，同时此类家庭又缺乏必要的生产投资经验，两种因素交互作用将增大此类家庭的投资风险并对其家庭收入形成负向冲击。

土地是制约我国农村家庭生产规模的主要瓶颈，因此，本章选择实际劳均耕地面积作为家庭生产规模的衡量指标。当生产规模较小时，农户的自有资金基本上能够满足农业生产的投入需求，这导致贷款对生产投入的正向促进作用有限。实际上，生产规模小还意味着生产要素的回报率也相对较低，当农户获得贷款

后，可能会选择将更多的资本和劳动投入非农部门，从而降低在农业方面的投入和产出，尤其是对缺乏必要监管的民间借贷更是如此。表 6-6 的结果显示，当家庭的实际劳均耕地面积小于等于 5 亩时，正规借贷的生产投入效应虽然显著为正，但其值（0.124 万元）要明显低于全部样本借贷的生产投入效应（0.244 万元），而民间借贷的生产投入效应和收入效应均显著为负。当生产规模较大时，农业将成为家庭的主营业务，获得贷款家庭则更有动力优化生产要素组合，提升农业前沿技术水平和技术效率，实现从传统农业向现代农业生产方式转变，同时提高劳动和资本的边际回报率。表 6-6 中的实证结果支持上述理论分析，对于实际劳均耕地面积大于 5 亩的家庭，其借贷的生产投入效应和收入效应均要显著高于全样本情况，且有民间借贷的生产投入效应的提升幅度最为明显。

6.4.3　农户借贷收入效应的形成机制研究

前文的研究表明，借贷行为对农户生产投入和农业纯收入均具有正向促进作用，但更重要的问题是，需要进一步明晰农户借贷收入效应的形成机制，即确定由借贷所引起的新增生产投入（引致投入）对家庭农业纯收入的贡献。

为实现这一目的，首先基于倾向得分匹配结果将农户的实际生产投入分解为意愿投入（用变量 Inp 表示）和引致投入（用变量 TT 表示）两部分。其中，借贷户的意愿投入用与之相匹配的非借贷户的实际生产投入来度量[①]，借贷户的引致投入定义为该借贷户的实际生产投入减去意愿投入，并构建如下形式的线性回归模型：

$$Income_i = \alpha_0 + \alpha_1 Inp_i + \alpha_2 TT_i + \alpha_3 Edu_i + \alpha_4 FS_i + u_i \qquad (6\text{-}6)$$

其中，i 为农户家庭；被解释变量 $Income_i$ 为家庭农业纯收入；户主受教育年限（Edu_i）和家庭实际劳均耕地面积（FS_i）为控制变量；u_i 为扰动项。与式（6-4）的情况相类似，分别基于正规借贷家庭样本与民间借贷家庭样本对式（6-6）进行估计，加权 OLS 估计结果由表 6-7 给出。

表 6-7　家庭农业生产投入的收入效应分解结果

解释变量	正规借贷家庭			民间借贷家庭		
	系数估计值	变量均值	收入贡献	系数估计值	变量均值	收入贡献
意愿投入 Inp_i/万元	1.289***	0.625	0.806	1.273***	0.435	0.554
引致投入 TT_i/万元	1.751***	0.235	0.411	0.717**	0.115	0.082

---

　①　依据倾向得分匹配的思想，借贷户和与之相匹配的非借贷户被作为进行两次不同实验（借贷与非借贷）的同一个体，因此，匹配的非借贷户的实际生产投入即借贷户在无借贷条件下的意愿投入。

解释变量	正规借贷家庭			民间借贷家庭		
	系数估计值	变量均值	收入贡献	系数估计值	变量均值	收入贡献
户主受教育年限 Edu$_i$/年	0.054***	6.967	0.376	0.041***	6.284	0.258
家庭实际劳均耕地面积 FS$_i$/亩	0.042***	7.307	0.307	0.035***	5.917	0.207
判断系数 R^2	0.938			0.952		
样本容量	375			1 071		

和*分别表示在5%和1%水平上显著

注：①在表6-7中使用的与借贷户相匹配的非借贷户样本是基于最近邻居法（1-5匹配）得到的。②正规借贷家庭的农业纯收入均值为1.902万元，民间借贷家庭的农业纯收入的均值为1.101万元。③各变量的收入贡献是利用变量的系数估计值乘以变量均值得到的。

表 6-7 显示，基于正规借贷和民间借贷家庭样本获得的系数估计值均统计显著，且两方程的判断系数分别为 0.938 和 0.952，模型拟合效果较好。正规借贷和民间借贷家庭意愿投入的边际收益（系数估计值分别为 1.289 和 1.273）较为接近，意味着在无借贷情况下两组家庭的生产模式具有同质性特征。两组家庭引致投入的边际收益差异较大，其中，正规借贷家庭引致投入的边际收益（系数估计值为 1.751）比意愿投入增加 35.8%，而民间借贷家庭引致投入的边际收益（系数估计值为 0.717）比意愿投入减少了 43.7%。上述结果的启示意义在于，其一，由于民间金融机构或私人无法对贷款用途进行严格监管以及对贷款者的投资项目进行有效评估，不但造成民间借贷用于农业生产投入的份额很小，而且投入的回报率也极低，两方面原因共同导致民间借贷的收入效应不显著，民间借贷的引致投入对农业收入的贡献仅为 0.082 万元。其二，正规借贷不但有助于增加生产要素投入，而且有利于农户通过扩大生产规模、优化资源配置、采用先进技术等方式来提升其要素回报率，实现增收目标，正规借贷的引致投入对农业收入的贡献达到 0.411 万元。

此外，户主受教育年限和实际劳均耕地面积变量对家庭农业收入均具有正向影响，两个变量对家庭农业收入的总的贡献分别达到 0.683 万元（正规借贷家庭）和 0.465 万元（民间借贷家庭），这一实证结果与表 6-6 的结论基本一致。

6.5　本章小结

本章首先对农户借贷通过农业生产投入渠道影响其家庭福利水平的传导路径给出理论解释，在此基础上，利用 Logit 模型和 2012 年 CFPS 数据库中的农村家庭数据识别农户借贷的影响因素。实证结果表明，相比较而言，家庭正规借贷经历、户主教育水平、地区金融体系发展完善程度以及农产品价格是农户获得正规金融机构贷款的重要影响变量，而家庭民间借贷经历和家庭社会网络能够显著增加农户获得民间贷款的可能性。其次，基于倾向得分匹配法建立一个合理的反事实研究框架，评价农户借贷的福利效应。总的来说，正规借贷显著提升家庭的农业生产投入和农业纯收入，而民间借贷对农业生产投入的拉动效果较弱且对农业纯收入的影响不显著。此外，异质性分析结果表明，户主教育水平高、家庭生产规模大的农户通过借贷能够获得更高的福利效应。最后，本章考察了农户借贷收入效应的形成机制，发现正规借贷家庭的正的收入效应主要来源于新增资本投入的高回报率，而借贷引致投入少和回报率低导致了民间借贷的无效性。

为保障更多的农村家庭从我国补贴性金融贷款政策中受益，实现农业增产和农民增收的双重目标，结合本章的研究结论，给出如下政策建议。

（1）健全金融服务"三农"的多层体系。首先，国有商业银行、股份制银行等正规金融机构应以所辖的县级分支机构为依托，加快"三农"信贷的专营机构建设，适当降低农户生产性贷款门槛和利率标准，简化贷款手续和审批流程。其次，加快发展村镇银行、小额贷款公司等新型农村金融组织，积极拓宽农户融资渠道，提供更多的金融产品和更好的金融服务。

（2）加快民间借贷市场发展。明确民间借贷的合法地位，在法律层面明确正常民间借贷和非法金融活动的界限；逐步将民间借贷机构纳入准金融企业管理，从而引导更多的民间闲置资本进入规范化的融资市场，实现民间借贷行为的规范化和专业化。

（3）培养农民的金融风险意识和投资能力。设立"三农"信贷咨询服务机构，免费为借贷农户提供金融风险、抵押担保、信贷政策、项目投资等方面的培训与服务，提升农户的投资决策能力和生产管理技能，引导农户将更大比例的借贷资金投入"低风险高收益"的农业项目中，从而增强农业生产性贷款的资本回报率并降低违约风险。

第 7 章 新农保政策对老年福利的影响机制研究

　　人口老龄化是发展中国家确保其日益增长的老年人口福祉的最大挑战之一。进入 21 世纪以来，随着我国城镇化进程加快以及人口预期寿命上升，农村老年人口比例开始日趋增大，第六次全国人口普查数据表明，农村 60 岁及以上人口占总人口比重的 14.98%，比城镇老年人口比重高出 3.29%。此外，由于农村出生率下降、家庭规模缩小及大范围的劳动力城乡迁移，传统的家庭养老系统已逐渐崩溃。为解决农村养老问题，国务院于 2009 年出台新型农村社会养老保险政策并开始试点，作为农村居民社会养老保障的重要手段。截至 2012 年底，新农保参保人数超过 4.6 亿人，目前已基本实现对农村适龄居民的全覆盖。如何有效评价新农保政策的实施绩效呢？檀学文（2013）认为，随着人民生活水平提高以及社会主要矛盾转变，不仅要关注政策实施的经济效果，同时更需要关注政策带给人们的主观感受。鉴于此，本章主要探究新农保政策对农村老年人主观福利的影响传导机制，这对完善针对发展中国家弱势群体的社会养老保障制度设计具有重要的现实借鉴意义。

　　国外大多数研究均认为，养老金制度对老年人主观福利具有正向效应。Ichiro 等（2018）利用 2013 年 JAGES 截面数据，分析高养老金收入、中等养老金收入、低养老金收入和无养老金收入对日本老年人幸福感指数的影响，发现养老金收入与日本老年人幸福感指数呈高度正相关关系。Bando 等（2016）发现秘鲁非缴费型养老金制度降低了老年人抑郁症指数，同 Galiani 等（2016）对墨西哥非缴费型养老金制度的研究结论一致，养老金制度提高了老年人的幸福感。Lloyd-Sherlock 等（2012）基于南非和巴西对 2 000 个家户的两轮追踪调查数据，研究发现两国的养老金制度分别对该国老年人的生活满意度具有显著正向影响，但无法确定其影响程度。Calvo（2016）、Grogan 和 Summerfield（2019）分别对智利与俄罗斯养老金制度的主观福利效应进行研究并得到类似结论。

国内关于新农保政策绩效评价的研究主要集中在消费、劳动供给、收入与家庭储蓄等经济福利层面。首先，关于新农保政策如何影响农村老年人消费的研究最受国内学者青睐，如黄宏伟和胡浩钰（2018）基于 CHARLS 的两期面板数据，采用 DID 识别策略发现新农保政策对农村家户食品、日用品及水电气三类消费具有显著促进作用。张芳芳等（2017）、岳爱等（2013）、刘远风（2012）的研究也获得类似结论。然而，解垩（2015）、张川川等（2015）认为新农保政策虽提高了农村老年人的家户消费，但不具有统计显著性。这一相左结论可能源于新农保政策实施后，农村老年人对政策信任程度不高或养老金数额相比家户收入而言并非一笔可观收入。其次，关于新农保对农村老年人劳动供给的影响研究取得较为一致的结论，即新农保养老金对农村参保老年人的劳动供给有显著负向影响，从而提高农村老年人经济福利（黄宏伟等，2014；李江一和李涵，2017）。最后，在新农保政策对农村参保老年人的收入与家庭储蓄影响方面的研究，张川川等（2015）发现新农保养老金显著提高了农村老年人的收入水平。马光荣和周广肃（2014）基于 CFPS 面板数据发现新农保政策显著降低 60 岁以上参保老年人的家庭储蓄率，为老年人提供了稳定的经济保障。仅有少数文献关注了新农保政策对农村老年人主观福利的影响。例如，张晔等（2016）通过受访者的健康、主观满意度和经济维度三个细分指标综合衡量养老质量，发现新农保政策显著提高西部地区老年人的养老质量；郑晓冬和方向明（2018）发现新农保养老金显著降低老年人的抑郁程度并提高其生活满意度；刘慧君和唐荷娟（2016）、周钦等（2018）均发现新农保政策对农村参保老年人的心理健康水平有显著正影响，提高了老年人的主观福利水平。

本章将在以下三个方面作出贡献：其一，基于消费和闲暇构建个体效用函数，作为政策影响路径分析的理论基础；其二，采用三轮微观调研的非平衡面板数据，以及模糊 RD 和 DID 方法识别新农保与农村老年劳动力主观福利的因果关系，拓展政策绩效评价的研究视角；其三，利用中介效应方法实证检验各影响渠道的相对重要性。

7.1　新农保影响老年福利的理论框架和研究设计

7.1.1　理论框架

新古典劳动力供给理论将效用函数概括为劳动者在个体效用最大化条件下对闲暇和消费所进行的选择。魏翔和吕腾捷（2018）基于闲暇经济理论和时间分配理论，进一步考察了闲暇时间与工作时间之间的互补效应。基于上述观点，本章假设个体一生时间 L 仅包含劳动时间与闲暇时间，L_w 表示个体劳动时间，则 $(L-L_w)$ 为个体闲暇时间。借鉴 Hernæs 等（2016）评价挪威养老金政策效应的研究思路，本章构建如下形式的个体效用函数：

$$U = \left(U\left(L-L_w\right),C\right) \tag{7-1}$$

$$\text{s.t. } C = F\left(L_w,K\right)+P+V \tag{7-2}$$

其中，U 为个体效用，定义为个体闲暇时间 $(L-L_w)$ 和个体消费 C 的函数；$F\left(L_w,K\right)$ 为劳动总收入；K 为资本投入；P 为养老金收入；V 为其他转移性收入。

新农保养老金可以通过两种途径来提升农村老年劳动力的福利水平。一方面表现为替代效应，在给定预算约束条件下，养老金收入的增加会挤出部分劳动收入，表现为农村老年人的劳动供给强度降低，并将更多时间用于享受闲暇，以此提升其主观效用。另一方面表现为收入效应，新农保养老金增加了农村老年人的可支配收入，通过放松预算约束来提高其消费水平，进而增加农村老年人的主观效用。上述论断为分析新农保制度的影响传导路径提供了理论基础，但农村老年劳动力选择哪种决策行为来最大化其效用，则依赖于实证检验。

7.1.2　模糊 RD 设计

本章在实证研究中面临的内生性问题主要来源于两个方面：一是在模型中可能存在反向因果关系问题，如生活满意度（结果变量）更高的老年人选择参加新型农村社会养老保险计划（核心解释变量）的可能性更大；二是存在遗漏变量问题，如农村老年人养老偏好和对新农保的信任程度等同时影响结果变量与核心解释变量的不可观测因素，无法在模型中进行控制。为克服内生性问题导致的估计偏误，本章利用 RD 方法识别新农保政策对农村老年劳动力主观效用的影响。该方法的核心思想是，经济个体是否受到处理完全取决于某个可观测的连续变量（称为驱动变量）是否超过政策规定的断点。

RD 方法区分为精确断点回归（sharp regression discontinuity，SRD）设计和模糊断点回归（fuzzy regression discontinuity，FRD）设计两种情况。其中，SRD 设计要求处理变量（是否领取养老金）在断点的左端取值为 0，在断点的右端取值为 1；而 FRD 设计只要求处理变量在断点两端取 1 的概率不同。尽管根据《国务院关于开展新型农村社会养老保险试点的指导意见》，年满 60 周岁的农村老年人可以领取新农保养老金，但政策也允许各地区基层执行单位根据当地实际情况制定具体的实施方案。此外，受各社区（或村庄）的公务人员执行力不同等因素的影响，导致领取新农保养老金的年龄规定并未严格按照年满 60 周岁执行。因此，应采用 FRD 设计来探讨新农保制度与老年劳动力主观效用的因果联系。具体而言，领取新农保养老金概率是驱动变量（年龄）的非连续函数，但领取养老金概率在断点处并非由 0 直接变化到 1。具体模型形式如下：

$$P\left[\mathrm{Rnrsp}_{it}=1\mid A_{it}\right]=\begin{cases}f_1\left(A_{it}\right), & \mathrm{if}\ A_{it}>60\\ f_0\left(A_{it}\right), & \mathrm{if}\ A_{it}\leqslant 60\end{cases}\qquad (7\text{-}3)$$

其中，i 表示个体；t 表示时间；虚拟变量 $\mathrm{Rnrsp}_{it}=1$ 表示领取新农保养老金，$\mathrm{Rnrsp}_{it}=0$ 则表示不领取；A_{it} 为未经标准化处理的初始年龄，60 岁为政策规定的断点，且年龄达到 60 岁及以上的老年人领取养老金的概率远大于未满 60 岁的老年人领取养老金的概率，$f_1\left(A_{it}\right)>f_0\left(A_{it}\right)$。

由于工具变量的有序概率估计的相关检验较难实施，且其估计系数的符号及边际效应与两阶段最小二乘法的估计结果相类似，故本章参考郑晓冬和方向明（2018）的研究方法，采用两阶段最小二乘法估计 FRD：

第一阶段：
$$\mathrm{Rnrsp}_{it}=\theta_0+\theta_1\mathrm{IV}_{it}+\delta\left(\bar{A}_{it}\right)+\gamma X_{it}'+\lambda_i+v_t+\mu_{it}\qquad (7\text{-}4)$$

第二阶段：
$$Y_{it}=\beta_0+\beta_1\widehat{\mathrm{Rnrsp}}_{it}+\delta\left(\bar{A}_{it}\right)+\gamma X_{it}'+\lambda_i+v_t+\varepsilon_{it}\qquad (7\text{-}5)$$

其中，式（7-4）为第一阶段估计，IV_{it} 为是否达到养老金领取年龄的虚拟变量，作为 Rnrsp_{it} 的工具变量；系数 θ_1 反映了政策规定养老金领取年龄与养老金领取情况之间的关系。式（7-5）为第二阶段估计，Y_{it} 为结果变量；$\widehat{\mathrm{Rnrsp}}_{it}$ 为 Rnrsp_{it} 的拟合值；β_1 为本章关心的核心参数，反映了新农保养老金对老年劳动力主观效用的影响；$\bar{A}_{it}$ 为初始年龄 A_{it} 与年龄断点的差值，称为标准化年龄；$\delta\left(\bar{A}_{it}\right)$ 为标准化年龄 $\bar{A}_{it}$ 的二阶多项式函数；X_{it}' 为包括个人特征和家庭特征的控制变量；λ_i 与 v_t 分别为无法观测的个体效应与时间效应；μ_{it} 和 ε_{it} 为随机扰动项。

7.1.3　RD-DID 设计

在政策影响存在异质性的情况下，基于模糊 RD 估计得到的是局部平均处理效应，无法消除参保组老年人的主观效用在领取养老金前后所受到的短期趋势波动的影响。为确保政策效应评价的稳健性，本章将未参保组老年人主观效用在断点前后的变化作为短期趋势的估计，并利用 RD-DID 模型估计新农保对该政策目标人群主观效用的平均处理效应。具体模型形式如式（7-6）所示：

$$Y_{it}=\phi_0+\phi_1\mathrm{IV}_{it}+\phi_2\mathrm{Rnrsp}_{it}+\phi_3\mathrm{IV}_{it}\times\mathrm{Rnrsp}_{it}+\delta\left(\bar{A}_{it}\right)+\gamma X_{it}'+\lambda_i+v_t+\xi_{it}$$

$$(7\text{-}6)$$

其中，Y_{it} 为结果变量；IV_{it} 为年龄虚拟变量；$Rnrsp_{it}$ 为是否参加新农保项目；交互项 $(IV_{it} \times Rnrsp_{it})$ 为本部分的核心解释变量，其系数 ϕ_3 衡量了新农保养老金对结果变量的政策效应。其余变量的含义与上文相同。类似地，本章采用两阶段最小二乘法估计 RD-DID 回归。

7.2　数据来源及指标描述

本章研究所使用的微观样本来自 CHARLS 中 2011~2015 年的三轮追踪调查数据。该调查问卷由北京大学国家发展研究院主导，涉及受访者的基本信息、健康状况以及工作、消费与养老金等详细内容，受访样本涵盖我国 28 个省（区、市）150 个县 450 个村庄的中老年群体，并于 2013 年首次对 2011 年的部分调查样本进行追访调查，于 2015 年完成第二轮追踪调查。该调查问卷具有的代表性强、内容详细、样本范围广及数据可追溯性等特点均为本章研究提供了有力支持。

本章的结果变量包括生活满意度、劳动供给强度和家庭人均消费对数。其中，生活满意度用来衡量农村老年劳动力的主观效用，该指标为分类变量，具体选项包括"一点也不满意"、"不太满意"、"满意"、"比较满意"和"非常满意"，按照顺序分别赋值 1~5 分，分值越高则表明受访者越满意当前的生活状况。劳动供给强度用受访者过去 1 年的工作总月数度量，通过计算受访者过去 1 年分别在自家农业生产、受雇、非农自雇及为家庭无偿经营四类劳动过程中的工作时长，加总后换算为工作总月数。家庭人均消费对数用受访者家庭在过去 1 个月的人均消费度量，通过计算受访者家庭过去 1 个月在食品、通信和文化娱乐三项消费的总支出除以家庭成员人数再取对数得到。劳动供给强度和家庭人均消费对数指标为本章研究的中介变量。

本章的核心解释变量包括是否参加新农保项目和是否领取新农保，两个变量均为虚拟变量，且分别将"已参保"和"已领取"赋值为 1，否则赋值为 0。为控制内生性，使用是否达到养老金领取年龄作为是否领取新农保的工具变量，并将年满 60 岁的老年人赋值为 1，否则赋值为 0。该变量满足工具变量的条件要求：是否达到政策规定的养老金领取年龄与养老金领取概率高度正相关，且养老金领取年龄规定由政府制定，与老年人的主观效用无关。本章选取的控制变量包含老年人的个体特征和家庭特征。个体特征变量包括性别、年龄、受教育程度、婚姻状况、是否患慢性病和日常活动能力；家庭特征变量包括子女代际转移、是否照看孙子女、未成年子女数和土地分配情况。

为获得实证研究所需数据，本章首先依据家庭代码将 2011~2015 年每期调查的个人信息与家庭信息进行匹配，获得三期含个体全部信息的横截面数据集；其次，针对每一期横截面数据删除非农户籍，以及参与新农保同时又享有其他类型养老保险的个体；最后，将三期横截面数据合并为非平衡面板数据集，该数据集包括 10 130 个追踪样本。表 7-1 列出了参保组与未参保组样本的特征指标及其差异的描述性统计。

表 7-1　参保组与未参保组样本的特征指标及其差异的描述性统计

指标类型	变量名称	全样本	参保组（A）	未参保组（B）	差值（A-B）
结果变量	生活满意度	3.179	3.226	3.112	0.114***
	劳动供给强度	2.122	2.011	2.263	-0.252***
	家庭人均消费对数	303.830	315.386	287.603	27.783***
控制变量	年龄	60.294	60.855	59.519	1.336***
	性别	0.458	0.453	0.467	-0.014**
	受教育程度	2.943	2.916	2.988	-0.072***
	婚姻状况	0.868	0.867	0.872	-0.005
	是否患慢性病	0.634	0.637	0.630	0.007
	日常活动能力	15.390	15.428	15.359	0.069*
	子女代际转移	0.846	0.848	0.848	0.000
	是否照看孙子女	0.512	0.519	0.503	0.016**
	未成年子女数	0.095	0.090	0.100	-0.010**
	土地分配情况	0.803	0.824	0.782	0.042***

*、**和***分别表示在 10%、5%和 1%水平上显著

注：①样本限制为农村户籍人口，且剔除同时参与其他类型养老保险的受访个体；②受教育程度从未受过教育到博士毕业分为 11 个等级，按顺序分别用 1 到 11 的整数表示，数值越大受教育程度越高；③婚姻状况分为有无配偶，有配偶=1，否则=0；④是否患慢性病定义为，患慢性病=1，否则=0；⑤日常活动能力指标由受访者无困难完成 CHARLS 规定的 20 项日常活动的数目加总得到，数值越高表明日常活动能力越强；⑥子女代际转移分为有无子女向受访者进行转移支付，有转移支付=1，否则=0；⑦是否照看孙子女定义为，照看=1，否则=0；⑧土地分配情况用来表示政府或集体是否分配土地给受访者，已分配=1，否则=0

表 7-1 显示，参保组和未参保组的结果变量存在显著差异。其中，参保组的生活满意度比未参保组平均高 0.114，参保组的劳动供给强度每年约比未参保组少 0.252 个月，参保组每月家庭人均消费对数比未参保组大约多 27.783。上述分析表明，农民通过对新农保养老金形成收入预期，并作出减少劳动供给时间和增加消费的个人最优决策，从而正向影响其主观福利。

从控制变量的分组比较结果来看，参保组个体的平均年龄更高且受教育程度偏低，说明这一群体更容易对新农保政策提供的稳定养老金收入形成需求和依赖。从受访者的家庭特征来看，参保家庭得到集体分配土地的概率和照看孙子女的概率都明显高于未参保组，且参保家庭未成年子女的个数也要明显少于未参保组，这表明参保组家庭的物质生活水平和家庭成员之间互助关系更好，更容易达到新农保政策要求的门槛条件，故其参保的可能性更高。上述异质性特征也意味着，需要采用严格的因果分析工具来识别新农保政策对老年劳动力主观效用的净影响。

7.3　新农保影响老年福利的实证结果及讨论

本章首先基于参保组样本，采用模糊 RD 方法对领取新农保养老金与老年劳动力主观效用之间的因果关系进行识别，得到局部平均处理效应。其次，为消除参保组样本在领取养老金前后的时间趋势影响，进一步基于参保组和未参保组的混合样本，使用 RD-DID 方法测算两者之间全局平均处理效应，并将两种评估方法进行对比验证，以保证实证结果的稳健性。

7.3.1　模糊 RD 估计结果

使用 RD 的前提条件之一是，核心解释变量与结果变量在断点前后发生跳跃。为验证这一事实，本章基于年龄带宽为 10（即年龄区间为 50~70 岁）的样本数据，绘制了断点前后农村老年人领取新农保养老金概率变化和生活满意度变化的二次函数拟合图，具体由图 7-1 和图 7-2 给出。

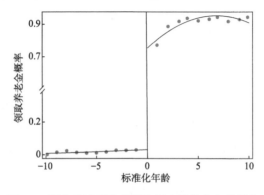

图 7-1　断点前后受访者领取新农保养老金的概率

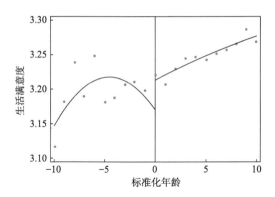

图 7-2 断点前后受访者的生活满意度变化图

图 7-1 显示，达到政策规定领取年龄的农村老年人领取养老金的概率明显增大，但并非从 0 直接跳跃到 1，说明采用模糊断点设计更为合理。类似地，图 7-2 也显示在领取养老金前后老年人的生活满意度出现跳跃式增加，这意味着领取新农保养老金与主观效用之间可能存在因果联系。为正规检验这一关系，基于参保组样本的 RD 模型的参数估计结果由表 7-2 给出。

表 7-2 新农保养老金影响农村老年人生活满意度的模糊 RD 估计结果

变量名称	第一阶段回归（是否领取养老金）			第二阶段回归（生活满意度）		
	$H=5$	$H=10$	$H=15$	$H=5$	$H=10$	$H=15$
年龄虚拟变量	0.394*** （0.023）	0.464*** （0.022）	0.483*** （0.021）			
是否领取养老金				0.221** （0.109）	0.156* （0.081）	0.180** （0.076）
时间效应（2013 年=1）	0.325*** （0.036）	0.227*** （0.022）	0.201*** （0.018）	-0.231*** （0.075）	-0.031 （0.047）	-0.029 （0.041）
时间效应（2015 年=1）	0.598*** （0.056）	0.379*** （0.031）	0.320*** （0.025）	-0.142 （0.123）	0.221*** （0.072）	0.239*** （0.062）
弱工具变量检验的 F 值	286.312	462.230	526.571			
内生性检验的 P 值				0.050	0.047	0.010
控制变量	是	是	是	是	是	是
观测值数量	3 662	6 510	8 236	3 662	6 510	8 236

*、**和***分别表示在 10%、5%和 1%水平上显著

注：①模型估计使用参保组样本；②时间效应虚拟变量以 2011 年作为基准组；③控制变量包括性别、受教育程度、婚姻状况、是否患慢性病、日常活动能力、未成年子女数、子女代际转移和土地分配情况；④为节省篇幅，表中没有报告控制变量的估计结果，后面采取相同的处理方式；⑤圆括号内为稳健标准误

表 7-2 报告了三种不同带宽下模糊 RD 的估计结果。对于每一带宽，核心解释

变量的估计系数具有相同符号和显著性，表明回归结果是稳健的。为节省篇幅，本章仅对 $H=10$ 的估计系数进行解释。对于第一阶段回归，达到新农保养老金领取规定年龄（年满 60 周岁）的老年人领取养老金的概率显著提高了 0.464。时间效应的估计系数显示，2013 年和 2015 年养老金领取的概率分别比 2011 年提高了 0.227 和 0.379，这主要与地方政府执行力、公务员素质以及对新农保政策的认知度等因素的逐年提升有关。随着试点的推广，新农保基金的管理层次逐渐提高，部门之间的协调性也在逐渐增加，监督机制不断完善，并且农民对新农保惠民政策逐渐形成正确的理解和认识，导致农民的参保率和领取养老金的概率不断增加。此外，F 统计量值大于弱工具变量检验的临界值，且内生性检验的 P 值均小于 0.05，保证了工具变量回归的有效性。第二阶段的回归结果显示，农村老年人的生活满意度因领取新农保养老金而至少提升了 5.0 个百分点[1]。对于几乎没有任何劳动收入的农村老年人而言，每月大约 90 元[2]的基础养老金补贴是一笔可观的收入。这笔收入使老年人在物质层面上得到可靠保障，提高了老年人消费、生活质量及健康水平，在精神层面也增加了老年人的安全感和获得感，降低了老年人对子女的依赖程度，提高其在家庭中的地位并减轻子女的负担，使两代人相处更为融洽，从而提升老年人的主观效用水平。

7.3.2　RD-DID 估计结果

为获得全局平均处理效应，本章进一步基于参保组和未参保组的混合样本，使用 RD-DID 模型评价新农保政策对目标群体的影响。为保证回归结果的稳健性，本章采用不同的带宽对式（7-6）进行估计，回归结果由表 7-3 给出。

表 7-3　新农保养老金影响农村老年人福利的 RD-DID 估计结果

变量名称	生活满意度			劳动供给强度			家庭人均消费对数		
	$H=5$	$H=10$	$H=15$	$H=5$	$H=10$	$H=15$	$H=5$	$H=10$	$H=15$
年龄虚拟变量×是否参保	0.076** (0.037)	0.050* (0.029)	0.071*** (0.027)	-0.193* (0.099)	-0.154** (0.075)	-0.166** (0.069)	0.057 (0.068)	0.105** (0.052)	0.077* (0.046)
年龄虚拟变量	-0.028 (0.036)	-0.013 (0.030)	-0.018 (0.028)	0.220** (0.100)	0.163** (0.081)	0.173** (0.077)	-0.034 (0.067)	-0.046 (0.054)	-0.030 (0.051)
是否参保	-0.049* (0.029)	-0.014 (0.022)	-0.026 (0.020)	0.087 (0.079)	0.058 (0.058)	0.063 (0.052)	0.026 (0.053)	-0.032 (0.039)	-0.022 (0.034)

---

① 将边际效应换算为百分比的公式为 $(\beta_1 / Mc) \times 100\%$，其中，$\beta_1$ 为是否领取养老金变量的估计系数；Mc 为未参保组的生活满意度变量的均值。在后面的分析中，均按这一方式进行换算，不再重复说明。

② CHARLS 数据集中新农保养老金收入的平均值。

续表

变量名称	生活满意度			劳动供给强度			家庭人均消费对数		
	$H=5$	$H=10$	$H=15$	$H=5$	$H=10$	$H=15$	$H=5$	$H=10$	$H=15$
时间效应 （2013年=1）	0.015 （0.037）	0.051** （0.022）	0.073*** （0.019）	−0.352*** （0.104）	−0.238*** （0.067）	−0.196*** （0.056）	0.320*** （0.060）	0.313*** （0.037）	0.289*** （0.032）
时间效应 （2015年=1）	0.270*** （0.065）	0.323*** （0.035）	0.365*** （0.029）	−0.742*** （0.189）	−0.495*** （0.113）	−0.425*** （0.092）	0.638*** （0.102）	0.601*** （0.056）	0.552*** （0.048）
常数项	3.184*** （0.167）	3.079*** （0.127）	3.055*** （0.117）	3.149*** （0.428）	3.010*** （0.313）	2.902*** （0.284）	4.907*** （0.285）	5.044*** （0.206）	5.144*** （0.187）
控制变量	是	是	是	是	是	是	是	是	是
观测值数量	9 886	16 011	19 127	7 752	12 351	14 502	9 209	14 992	17 988

*、**和***分别表示在10%、5%和1%水平上显著

注：①模型估计使用参保组和未参保组的混合样本；②年龄虚拟变量由是否达到政策规定的新农保养老金领取年龄定义，即年满60岁的老年人样本赋值为1，否则赋值为0；③时间效应虚拟变量以2011年作为基准组；④是否参保虚拟变量定义为，个体参加新农保项目赋值为1，否则赋值为0；⑤控制变量包括性别、受教育程度、婚姻状况、是否患慢性病、日常活动能力、未成年子女数；⑥圆括号内为稳健标准误

在表7-3的第2~4列中，报告了新农保养老金对农村老年劳动力生活满意度的影响。在不同带宽情况下，交互项的系数均显著为正，这表明参保老年人在断点前后生活满意度的提升幅度要明显大于未参保老年人。时间效应的回归系数显示[1]，2013年和2015年的老年人生活满意度比基期分别提高了1.6个和10.4个百分点。尽管RD-DID回归与模糊RD回归的估计系数值略有差异，但在符号和显著性方面均保持一致，充分验证了本章实证结论的稳健性。

在表7-3的第5~7列和第8~10列，分别报告了新农保养老金对老人劳动供给强度和家庭人均消费对数的影响。交互项的回归系数显示，参加并领取新农保养老金显著降低农村老年人0.154个月的工作时间，并增加老年人所在家户的月人均消费10.5个百分点。上述结果与本章的理论分析相一致。一方面，新农保养老金替代了老年劳动力的部分劳动收入，使其能够在一定程度上减少为保障未来生活而不得不进行的繁重劳动，缓解老人的劳动负担，增加其闲暇时间；另一方面，新农保养老金从总量上增加了老年人的可支配收入，并且调高老年人对未来收入的预期、降低储蓄需求动机，使其有能力在当期消费更多。需要注意的是，当年龄带宽 $H=5$ 时，新农保养老金对老年人消费的促进作用不显著。产生该结果的一个解释是，当带宽过小时，回归结果易受极端值影响而表现不稳定；另一解释是新农保政策对老年人消费的影响作用有限，因而在特定的样本中无法表现出统计显著性。我们需要谨慎使用消费方程中的结论。时间效应表明，2013年和

---

① 为简化表述，如无特殊说明，本部分均对年龄带宽 $H=10$ 情况下的估计结果进行分析。

2015 年农村老人的劳动供给强度分别比基期降低了 0.238 个月和 0.495 个月，家庭月人均消费分别比基期增加了 31.3% 和 60.1%。在新农保实施初期，虽然实现了"广覆盖""保基本"的目标，但保障水平仍然很低。随着我国整体经济发展水平的快速提高和对"三农"问题重视程度的加强，政府不断加大对一系列惠农政策（包括增加养老金补贴金额）的支持力度，有效改善了农村的生产和生活环境，降低了农村老年人的劳动供给强度并提升其消费水平。

7.3.3 有效性检验

1. 模糊 RD 设计的有效性检验

模糊 RD 设计的有效性要求驱动变量在断点处是连续的，保证不被或至少不完全被经济个体所操纵。在实践中，可视为驱动变量在断点处具有随机分配的特征。根据图 7-3 描述的驱动变量（即标准化年龄）的概率密度图可以发现，驱动变量在断点处未发生明显跳跃。为提供更充分的证据，借鉴 McCrary（2008）对驱动变量密度函数在断点处是否连续进行检验。计算得到检验统计量对应的 P 值为 0.377，故不能拒绝密度函数在断点处连续的原假设。

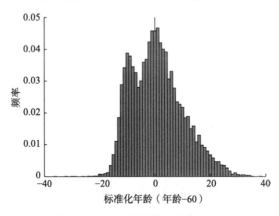

图 7-3 驱动变量的概率密度图

除要求驱动变量在断点处连续外，模糊 RD 设计还要求所有控制变量在断点附近具有连续性，表 7-4 报告了是否领取新农保养老金对控制变量的影响。回归结果显示，性别、受教育程度和婚姻状况等控制变量均未因领取新农保养老金而发生明显变化，即控制变量在断点前后连续。驱动变量和控制变量均在断点处连续，保证了模糊 RD 估计结果的有效性。

表 7-4 控制变量在断点处的连续性检验

因变量名称	驱动变量（标准化年龄）		
	H=5	H=10	H=15
性别	-0.013 （0.009）	-0.007 （0.007）	-0.007 （0.007）
受教育程度	-0.028 （0.050）	0.019 （0.039）	0.023 （0.036）
婚姻状况	-0.000 （0.017）	0.001 （0.013）	-0.004 （0.012）
是否患慢性病	0.016 （0.039）	0.029 （0.029）	0.027 （0.026）
日常活动能力	0.066 （0.392）	0.133 （0.290）	0.166 （0.264）
未成年子女数	0.009 （0.029）	0.014 （0.021）	0.047[**] （0.020）
子女代际转移	-0.028 （0.052）	-0.035 （0.038）	-0.031 （0.036）
土地分配情况	-0.030 （0.047）	0.007 （0.035）	0.018 （0.032）

**表示在 5%水平上显著

注：①模型估计使用参保组样本；②圆括号内为稳健标准误

2. RD-DID 设计的安慰剂检验

RD-DID 设计的有效性依赖于参保组和未参保组具有相同的年龄趋势。由于我们无法观测到农村老年人在实施政策和不实施政策两种状态下的表现，故无法直接验证 DID 识别策略所依赖的平行趋势假定是否成立。然而，Duflo（2001）认为可通过识别假定的推论来进行间接检验，即安慰剂检验。具体检验步骤如下：选取年龄在 40~59 岁的调查样本，按照年龄是否大于等于 50 岁定义年龄虚拟变量，重新对式（7-6）进行估计。由于所有调查样本都没有资格领取养老金，意味着估计得到的交互项系数不显著。表 7-5 中的结果显示，交互项对生活满意度、劳动供给强度和家庭人均消费对数的影响均不显著，从而在很大程度上支持 DID 识别策略的平行趋势假定成立。

表 7-5 RD-DID 设计有效性的安慰剂检验结果

变量名称	生活满意度		劳动供给强度		家庭人均消费对数	
	H=5	H=10	H=5	H=10	H=5	H=10
年龄虚拟变量 × 是否参保	-0.027 （0.060）	0.026 （0.052）	-0.169 （0.148）	-0.159 （0.128）	-0.035 （0.087）	-0.037 （0.076）
年龄虚拟变量	0.035 （0.056）	-0.003 （0.049）	0.046 （0.138）	0.051 （0.121）	0.049 （0.081）	0.008 （0.071）

变量名称	生活满意度		劳动供给强度		家庭人均消费对数	
	$H=5$	$H=10$	$H=5$	$H=10$	$H=5$	$H=10$
是否参保	-0.023 (0.051)	-0.047 (0.049)	0.108 (0.130)	0.134 (0.118)	0.005 (0.075)	-0.001 (0.071)
时间效应 （2013年=1）	0.083 (0.053)	0.067[*] (0.035)	-0.159 (0.127)	-0.116 (0.081)	0.294[***] (0.079)	0.265[***] (0.056)
时间效应 （2015年=1）	0.382[***] (0.094)	0.376[***] (0.061)	-0.358[*] (0.205)	-0.276[**] (0.125)	0.661[***] (0.135)	0.581[***] (0.094)
常数项	3.619[***] (0.319)	3.062[***] (0.220)	3.556[***] (1.018)	2.460[***] (0.471)	5.534[***] (0.508)	5.290[***] (0.312)
控制变量	是	是	是	是	是	是
观测值数量	4 967	8 480	4 223	7 125	4 952	8 300

*、**和***分别表示在10%、5%和1%水平上显著

注：①模型估计使用参保组和未参保组的混合样本；②圆括号内为稳健标准误

7.4 新农保影响老年福利的机制分析

明晰和检验新农保养老金影响农村老年人主观效用的传导机制，更有利于完善针对我国农村弱势老年群体的社会养老保障制度设计。本章采用中介效应方法实现上述分析，并基于个体效用函数的理论设定，选择劳动供给强度和家庭人均消费对数作为中介变量。中介效应模型由下面三个回归方程共同构成。

$$Z_{it} = \varphi_0 + \varphi_1 IV_{it} + \varphi_2 Rnrsp_{it} + \varphi_3 IV_{it} \times Rnrsp_{it} + \delta(\overline{A}_{it}) + \gamma X'_{it} + \lambda_i + v_t + \xi_{it}$$

（7-7）

$$M_{it} = \alpha_0 + \alpha_1 IV_{it} + \alpha_2 Rnrsp_{it} + \alpha_3 IV_{it} \times Rnrsp_{it} + \delta(\overline{A}_{it}) + \gamma X'_{it} + \lambda_i + v_t + \mu_{it}$$

（7-8）

$$Z_{it} = \eta_0 + \eta_1 IV_{it} + \eta_2 Rnrsp_{it} + \eta_3 IV_{it} \times Rnrsp_{it} + \eta_4 M_{it} + \delta(\overline{A}_{it}) + \gamma X'_{it} + \lambda_i + v_t + \omega_{it}$$

（7-9）

其中，Z_{it} 表示生活满意度；M_{it} 表示中介变量，包括劳动供给强度和家庭人均消费对数；IV_{it} 表示年龄虚拟变量；$Rnrsp_{it}$ 表示是否参加新农保项目，交互项（$IV_{it} \times Rnrsp_{it}$）的系数衡量了新农保养老金对因变量的政策效应。实际上，式（7-6）的结果变量 Y_{it} 是变量 Z_{it} 和 M_{it} 的组合。

温忠麟和叶宝娟（2014）给出了基于逐步法的中介效应的检验步骤和识别条

件：第一步，检验新农保养老金对生活满意度的影响系数 φ_3 的统计显著性；第二步，考察新农保养老金对中介变量的影响系数 α_3 的统计显著性；第三步，将中介变量作为控制变量，重新评估新农保养老金对生活满意度的影响效应 η_3 的统计显著性和数值大小。若参数 φ_3 和 α_3 均统计显著，且 η_4 也是统计显著的，则表明存在中介效应。更具体地，若 η_3 统计显著且有 $|\eta_3| < |\varphi_3|$，则称存在部分中介效应；若 η_3 统计不显著，则称存在完全中介效应。基于年龄带宽 $H=10$ 的中介效应模型估计结果由表 7-6 给出。

表 7-6　新农保养老金影响农村老年人主观效用的中介效应分析（$H=10$）

变量名称	生活满意度	劳动供给强度	家庭人均消费对数	生活满意度	
解释变量：$IV_{it} \times Rnrsp_{it}$	0.048*	−0.155**	0.105**	0.044	0.060*
中介变量：劳动供给强度				0.013**	
中介变量：家庭人均消费对数					0.010
控制变量	是	是	是	是	是
常数项	2.995***	3.019***	5.044***	3.121***	3.002***
观测值数量	16 011	12 351	14 992	11 525	14 011

*、**和***分别表示在 10%、5%和 1%水平上显著

注：①模型估计使用参保组和未参保组混合样本；②控制变量包括性别、受教育程度、婚姻状况、是否患慢性病、日常活动障碍、未成年子女数及时间效应；③圆括号内为稳健标准误

表 7-6 中第 2~4 列的估计结果与表 7-3 中年龄带宽 $H=10$ 的结果相同，这里不再对其讨论。将劳动供给强度作为中介变量的回归方程估计在第 5 列给出，中介变量表现出显著的正向影响，而交互项的系数不再具有统计显著性，这表明劳动供给强度在传导机制中发挥完全中介作用。在日趋紧迫的区域人口老龄化以及缺乏完善的社会养老保障制度的背景下，农村老年人不得不通过繁重的劳动获取收入以缓解生活负担。新农保养老金的定期收入给予老年人切实稳定的物质保障，使其有条件减轻劳动强度，或者选择退出劳动力市场，增加其闲暇时间和生活信心，促进农村老年人参与更多的社会活动，提升其生活满意程度和主观福利。将家庭人均消费对数作为中介变量的回归方程的估计结果在第 6 列给出，中介变量的回归系数不具有统计显著性，这意味着消费没有在养老金影响老年人主观效用的渠道中发挥中介作用。这一现象的形成原因可能源于以下两个方面：一是随着居民生活水平提高和物价上涨，农村老年人的消费需求与社会养老的财政供给之间仍存在巨大缺口，每月 90 元左右的养老金收入仅仅能够满足老年人的部分消费需求；二是因为农村是留守老人最为集中的地区，其最需要的慰藉是来自子女的关怀和陪伴，情感的寄托并不能简单地通过提高物质消费水平得以解决。因此，消费增加并不能显著提高农村老年人的主观福利。

7.5　本 章 小 结

　　本章首先基于个体效用函数构建解释新农保影响农村老年人主观效用的理论框架。在此基础之上，分别以 CHARLS 微观调查数据集中的参保组子样本以及参保组和非参保组混合样本作为研究对象，采用模糊 RD 模型和 RD-DID 模型考察新农保政策与农村老年人主观效用之间的因果关系。实证结果表明，领取新农保养老金能够显著提升老年人的生活满意度，且实证结论对两种估计方法保持稳健。进一步，基于中介效应方法的机制分析结果表明，参加并领取新农保养老金能够有效降低农村老年人的劳动供给强度并增加其家庭人均消费对数。老年劳动力生活满意度的提高仅来自劳动供给强度的降低，而与其消费水平的增加无关。

　　本章研究的政策含义如下：第一，目前我国农村社会养老体系还处于起步阶段，老人仍更多地依赖于子女。因此，需要发挥家庭养老方式的重要补充作用，吸引中青年劳动力返回农村，增加对老年人的赡养和陪伴，从而提高老年人的福利水平。第二，鉴于我国人口快速老龄化和劳动力红利丧失的事实，需积极完善新农保在养老金细分类型及退休年龄规定等方面的制度设计，在考虑提升老年人福利同时，还需要增加对有劳动能力老年人的工作激励。第三，各地方政府应按当地实际情况适时调整基础养老金补贴力度，增加农民的养老金收入预期并促进其消费，从而通过消费渠道提升其主观福利。同时，鼓励农村居民提高个人账户的缴费档次，保证新农保政策的可持续性。

第8章　结论与政策建议

本书依照理论分析、实证研究及政策完善的研究次序，基于农户生产行为视角，考察农业生产投入要素的配置对改善农户福利的积极作用以及存在的问题。研究的主要特点是将理论分析和实证分析有效地结合起来，所有的实证分析都以经济理论为基础而展开，以期明晰影响农户福利的决定因素，充分了解农户生产决策的选择和农户福利改善的内在机制，并获得定量测算结果，为政府乡村振兴战略的实施提供参考依据。本书的主要创新之处如下：①通过研究农户生产投入行为的选择对家庭福利的影响作用，进而基于农户福利角度评价农业生产要素的配置效应，拓宽了对农业生产行为的研究视角；②采用经济理论分析和计量经济模型分析相结合的分析方法，使研究更具规范性和科学性。其中，采用Heckman 样本选择模型解决模型设定的内生性问题，采用倾向值匹配模型构造用于比较分析的匹配样本，基于模糊 RD 估计、局部平均处理效应等前沿分析方法，有效增强农户行为结果和政策绩效评价的客观性。本书实证研究所得的结论具体归纳如下。

第一，本书研究从生产投入选择行为角度考察农业补贴政策的收入和福利效应。主要研究结论如下：①在农业农村现代化建设进程中，惠农政策的实施需要优先保证农业生产投入。从"理性农民"经济假设出发，发现农业补贴政策是影响农户选择增加生产投入行为的最重要因素，同时是促进家庭增收的关键变量。②利用反事实分析方法研究发现，低创收能力农户选择增加生产投入，高创收能力农户选择不增加生产投入，农户生产投入决策的"自选择"效应将严重低估增投生产方式的收入效应。并且，不增加生产投入的农户的平均处理效应要远高于增加生产投入农户的平均处理效应，表明现阶段较大规模的农业生产更有利于农民增收。③领取新农保养老金能够显著提升老年人的生活满意度，并且发现参加并领取新农保养老金能够有效降低农村老年人的劳动供给强度并增加其家庭人均消费，但老年劳动力生活满意度的提高仅来自劳动供给强度的降低，而与其消费水平的增加无关。

第二，利用二元回归模型发现农户行为的决策受不同因素的影响。主要结论如下：①土地价值、农业补贴和涉农贷款对农户租入土地决策有显著促进作用，农户租出土地从事非农生产活动的主要原因是追求城市的工资水平和非农就业机会。②人力资本水平提高农村居民乡城迁移意愿，并提高实际乡城迁移行为发生的可能性。个体对离开家乡的不舒适感越弱，迁移的可能性就越大。此外，家庭的经济资本和社会资本越高，迁移成员越能够在城镇中获取更好的发展机会，工作搜寻的时间成本和经济成本也更低，更倾向从农村迁移到城镇。③使用 Probit 模型获得农户采用农业技术的倾向得分，模型估计结果表明，户主特征（户主受教育年限、认知能力、健康状况和婚姻状况）和家庭特征（经济状况、家庭人数及总耕地面积）对农户家庭是否采用农业技术具有显著影响。④利用 Logit 模型识别农户借贷的影响因素，实证结果表明，相比较而言，家庭正规借贷经历、户主教育水平、地区金融体系发展完善程度以及农产品价格是农户获得正规金融机构贷款的重要影响变量，而家庭民间借贷经历和家庭社会网络能够显著增加农户获得民间贷款的可能性。

第三，农户行为决策导致的要素配置改善对农户福利的提高有显著的影响。主要研究结论如下：①利用倾向得分匹配法建立合理的反事实分析框架，发现无论是租入土地还是租出土地均有利于提升农户收入，但福利效应在不同家庭组之间存在较大差异。②基于人口迁移理论和 DID 回归，研究发现乡城迁移虽然提高移民的收入，但却降低农户的主观幸福感。③利用近邻匹配、卡尺匹配和核匹配三种不同的匹配方法找到实验组的对照组，发现农户采用技术能够提高农业生产力、增加农户家庭收入和提升农户消费水平，进而改善农户的福利状况。④基于倾向得分匹配法建立合理的反事实框架，发现正规借贷对家庭的农业生产投入和农业纯收入均具有显著的提升作用，而民间借贷对农业生产投入的拉动效果较弱且对农业纯收入的影响不显著。

第四，农户的行为决策对农户福利产生显著影响，但更重要的是探究福利效应产生的机理及其作用机制，主要研究结论如下：①通过收入效应分解方程，发现租入土地农户的净收入效应依次来源于耕地规模扩大、技术效率提高及中间投入（化肥种子农药投入）的增加，而租出土地农户的净收入效应主要来源于非农收入的大幅增长，部分来源于土地租金。②基于回归调整方法分析幸福损失效应的形成机制，城镇移民幸福损失的一个来源是由期望水平调整所引致的收入对幸福感的边际效应降低，而自评社会阶层、社会公平感、社交活动和休息放松等幸福感决定因素的绝对下降，成为导致城镇移民幸福损失的另一重要原因。③正规借贷家庭的正向收入效应主要来源于新增资本投入的高回报率，而民间借贷的无效性是借贷引致投入少和回报率低两方面原因共同作用的结果。

第五，基于不同情景研究农户生产行为决策对农户福利的影响效应。主要研究结论如下：①农户参与土地流转的福利效应随着户主教育水平的提高而增加。

但是户主教育水平最低（文盲）的家庭，参与土地流转将导致福利的损失。另外，对于租入农户，其耕地规模越大，租入土地后福利效应的改善越明显，而对于租出农地的农户，非农收入占家庭总收入的比例越高，其租出土地的行为对福利效应改善作用越明显。②迁移对高教育水平移民以及男性移民的收入增长的因果效应更显著，但高教育水平移民的主观幸福感的下降幅度也更大，且女性移民的个人年收入甚至具有显著的负向增长效应。此外，向东部地区迁移/外地迁移的收入增长效应显著高于向中西部地区迁移/本地迁移，而向东部地区迁移/外地迁移的幸福感损失效应也要更大一些。③根据农户的受教育程度、农户家庭总耕作面积及家庭的农业耕作时间的不同，将总样本分为两个对应的子样本进行分析，结果表明虽然样本有所不同，但是农业技术的采用都能对农户的农业生产和福利状况产生正向的影响。但是，影响效应大小会有所差异。受教育程度高、农业耕作时间长和家庭总耕作面积比较大的农户采用农业技术，家庭农业生产力和家庭消费支出高。④无论是正规借贷还是民间借贷，户主教育水平越高、家庭生产规模越大，越能获得更高的福利效应，且当家庭生产规模较大时，民间借贷的生产投入效应提升幅度更为明显。

现阶段，农户的生产决策改善农业要素的配置，提高农户的福利水平，但是要素配置的改善程度及范围均没有达到农业农村现代化、农业农村高质量发展的要求。结合本书的研究结论，政策建议如下。

（1）为发挥农业补贴改善福利水平的效应，应调整现有农业补贴政策的结构，向生产性补贴方向倾斜，并与其他农村扶持政策有机结合。具体建议如下：①加大农业补贴投入的同时，更应注重调整补贴结构，尤其增加农机具购置补贴和良种补贴金额。一直以来，农业补贴政策是政府坚持的基本惠农政策，持续加大农业补贴投入，尤其注重提高农机具购置补贴和良种补贴在总补贴中的比重，使农业补贴在保证粮食安全基础上更好地发挥增收作用。②推进农村教育体制改革，提高农民文化素质。教育是提升农户家庭收入的重要影响因素之一。目前农村平均受教育年限远远低于九年义务教育水平，政府应该完善农村基础教育体制，同时，大力发展农村职业教育，加强对农民的技术教育培训，提升农民的文化素养和生产技能，促进技术效率提升，实现农村增收目标。③实施降低子女抚养成本的补贴政策。目前政府已开放三孩政策，农村地区家庭抚养比率可能会上升，政府应该增加实施以降低抚养子女成本为目的的辅助政策，除了将要实施的十二年义务教育之外，还应该增加医疗等方面的优惠政策。

（2）土地是最重要的农业生产资料，农户在农村土地流转、提升土地产出效率方面的决策作用，是提高农户福利的又一重要途径。为实现这一目标，具体政策建议如下：①完善农地流转市场，加强对流转户生产经营活动的扶持和引导。第一，发挥村集体在土地流转和承包经营方面的服务功能，建立和完善土地流转中介机构,为土地流转提供全面的信息服务;第二,降低农村金融小额贷款的准入条件,为农户从事农业生产或非农经济活动提供前期资金支持;第三,增强对流转户的生产经营活动的引导和扶持,防止农村中的弱势群体(低教育水平、低收入或缺少劳动技能)在流转土地后福利水平的降低。②推进农村教育模式改革。农民的文化与技术素质是加快土地流转速度、扩大土地流转规模的关键所在。农民的受教育程度越高,非农就业能力以及运用现代农业技术的能力就越强。政府除稳步推进农村基础教育之外,还需要大力发展农村职业技术教育,着眼于适应产业结构调整和劳动力市场变化对人才的需求,提高农民的职业技能水平、财富创造能力及非农就业适应能力,帮助农民获得更多非农就业机会和非农收入,减少对土地的依赖。

(3)采用农业技术武装农业,为农业现代化奠定基础。为提高农户采用技术的积极性,具体建议如下:①立足于农户的需求,因地制宜、因人而异,为农户提供多样化的技术进行选择,满足不同地区不同农户的需求。②政府应该宏观把控农业技术的采用,建立更多的公共科技服务机构,满足农户对新技术的求知欲。此外,为保证技术的推广,资金支持是题中之意,政府应该调动农村金融,加大对农业技术采用的帮扶力度,保证农业技术的顺利推广。③改变以往的单一推广模式,做好做实技术培训,不仅要开展农户集中培训,也要建立技术推广示范单位和示范点,组织高技术人才深入人民群众中,开展一对一的技术推广活动,做好农户的产前、产中和产后的指导和服务,促进农业科研成果和农业技术尽快运用到农业中,保障农业又快又好发展。

(4)为保障更多的农村家庭从我国金融政策中受益,实现农业增产和农民增收的双重目标,具体的政策建议如下:①健全和完善农村金融体系,降低农村小额贷款准入条件和贷款成本,为农户家庭自主从事非农经济活动提供启动资金。②改善制约农村金融市场发展的不利因素,提供更多的金融产品和更好的金融服务,加快发展村镇银行、小额贷款公司等新型农村金融组织,积极拓宽农户融资渠道,提升农户信贷的可获得性,为农户扩大农业生产投入提供资金支持。③明确民间借贷的合法地位,逐步将民间借贷机构纳入准金融企业管理,从而引导更多的民间闲置资本进入规范化的融资市场,实现民间借贷行为的规范化和专业化,为农户获得生产资本提供更多的渠道。④培养农民的金融风险意识和投资能力,免费为借贷农户提供金融风险、抵押担保、信贷政策、项目投资等方面的培训与服务,提升农户的投资决策能力和生产管理技能。

参 考 文 献

安格里斯特 J D, 皮施克 J S. 2012. 基本无害的计量经济学: 实证研究者指南[M]. 郎金焕, 李井奎译. 上海: 上海人民出版社, 格致出版社.

曹建华, 王红英, 黄小梅. 2007. 农村土地流转的供求意愿及其流转效率的评价研究[J]. 中国土地科学, 21 (5): 54-60.

陈斌开, 陆铭, 钟宁桦. 2010. 户籍制约下的居民消费[J]. 经济研究, 45 (S1): 62-71.

陈飞, 卢建词. 2014. 收入增长与分配结构扭曲的农村减贫效应研究[J]. 经济研究, (2): 101-114.

陈飞, 翟伟娟. 2015. 农户行为视角下农地流转诱因及其福利效应研究[J]. 经济研究, (10): 163-177.

陈午和. 2004. 农户模型的发展与应用: 文献综述[J]. 农业技术经济, (3): 2-10.

陈钊, 徐彤, 刘晓峰. 2012. 户籍身份、示范效应与居民幸福感: 来自上海和深圳社区的证据[J]. 世界经济, 35 (4): 79-101.

封进, 张涛. 2012. 农村转移劳动力的供给弹性——基于微观数据的估计[J]. 数量经济技术经济研究, 29 (10): 69-82.

盖庆恩, 朱喜, 程名望, 等. 2015. 要素市场扭曲、垄断势力与全要素生产率[J]. 经济研究, 50 (5): 61-75.

郭敏, 屈艳芳. 2002. 农户投资行为实证研究[J]. 经济研究, (6): 86-92.

国家人口计生委流动人口服务司. 2012. 中国流动人口发展报告 2012. 北京: 中国人口出版社.

洪自同, 郑金贵. 2012. 农业机械购置补贴政策对农户粮食生产行为的影响——基于福建的实证分析[J]. 农业技术经济, (11): 41-48.

胡枫, 陈玉宇. 2012. 社会网络与农户借贷行为——来自中国家庭动态跟踪调查 (CFPS) 的证据[J]. 金融研究, (12): 178-192.

黄宏伟, 胡浩钰. 2018. "新农保" 养老金制度与农村家庭生存型消费效应——来自中国健康与养老追踪调查的经验证据[J]. 农业经济问题, (5): 18-26.

黄宏伟, 展进涛, 陈超. 2014. "新农保" 养老金收入对农村老年人劳动供给的影响[J]. 中国人口学, (2): 106-115.

黄腾，赵佳佳，魏娟，等. 2018. 节水灌溉技术认知、采用强度与收入效应——基于甘肃省微观农户数据的实证分析[J]. 资源科学，40（2）：347-358.

黄志岭. 2010. 农村迁移劳动力性别工资差异研究[J]. 农业经济问题，32（8）：44-51，110，111.

金烨，李宏彬. 2009. 非正规金融与农户借贷行为[J]. 金融研究，（4）：63-79.

靳云汇，金赛男，等. 2011. 高级计量经济学（下册）. 北京：北京大学出版社.

李谷成，李芳，冯中朝. 2014. 良种补贴政策实施效果的分析与评价——对13省1486种植户的研究[J]. 中国农业大学学报，19（4）：206-217.

李江一，李涵. 2017. 新型农村社会养老保险对老年人劳动参与的影响——来自断点回归的经验证据[J]. 经济学动态，（3）：62-73.

李军富. 2009. 我国农机购置补贴政策的发展研究[J]. 农机化研究，31（3）：230-233.

李庆海，李锐，汪三贵. 2012. 农户信贷配给及其福利损失——基于面板数据的分析[J]. 数量经济技术经济研究，29（8）：35-48，78.

李庆海，李锐，王兆华. 2011. 农户土地租赁行为及其福利效果[J]. 经济学（季刊），11（1）：269-288.

李锐，李宁辉. 2004. 农户借贷行为及其福利效果分析[J]. 经济研究，（12）：96-104.

李树，陈刚. 2015. 幸福的就业效应——对幸福感、就业和隐性再就业的经验研究[J]. 经济研究，50（3）：62-74.

李学术，向其凤. 2010. 农户创新与收入增长：基于西部地区省际面板和微观调查数据的分析[J]. 中国农村经济，（11）：40-52.

刘红梅，王克强. 2000. 关于我国农地抵押贷款问题的研究[J]. 江西农业经济，（3）：9-10.

刘红梅，王克强，黄智俊. 2008. 影响中国农户采用节水灌溉技术行为的因素分析[J]. 中国农村经济，（4）：44-54.

刘辉煌，吴伟. 2014. 我国家庭信贷状况研究：基于CHFS微观数据的分析[J]. 商业经济与管理，（8）：81-88.

刘慧君，唐荷娟. 2016. 社会转型期农村养老困境的破解——老年公寓和新农保对农村老人心理福利的影响[J]. 人口与社会，32（1）：38-50.

刘靖，毛学峰，熊艳艳. 2013. 农民工的权益与幸福感——基于微观数据的实证分析[J]. 中国农村经济，（8）：65-77.

刘军强，熊谋林，苏阳. 2012. 经济增长时期的国民幸福感——基于CGSS数据的追踪研究[J]. 中国社会科学，（12）：82-102，207，208.

刘远风. 2012. 新农保扩大内需的实证分析[J]. 中国人口·资源与环境，22（2）：88-93.

陆铭，蒋仕卿，佐藤宏. 2014. 公平与幸福[J]. 劳动经济研究，2（1）：26-48.

陆铭，向宽虎，陈钊. 2011. 中国的城市化和城市体系调整：基于文献的评论[J]. 世界经济，34（6）：3-25.

吕炜，张晓颖，王伟同. 2015. 农机具购置补贴、农业生产效率与农村劳动力转移[J]. 中国农村经济，（8）：22-32.

马光荣，周广肃. 2014. 新型农村养老保险对家庭储蓄的影响：基于 CFPS 数据的研究[J]. 经济研究，（11）：116-129.

秦雪征，尹志锋，周建波，等. 2012. 国家科技计划与中小型企业创新：基于匹配模型的分析[J]. 管理世界，（4）：70-81.

曲小刚，罗剑朝. 2013. 新型农村金融机构可持续发展的现状、制约因素和对策[J]. 中国农业大学学报（社会科学版），（2）：137-146.

舒尔茨 T W. 2006. 改造传统农业[M]. 梁小民译. 北京：商务印书馆.

孙三百. 2015. 城市移民的收入增长效应有多大——兼论新型城镇化与户籍制度改革[J]. 财贸经济，（9）：135-147.

孙三百. 2016. 城市移民收入增长的源泉：基于人力资本外部性的新解释[J]. 世界经济，39（4）：170-192.

孙三百，白金兰. 2014. 迁移行为、户籍获取与城市移民幸福感流失[J]. 经济评论，（6）：101-112.

孙三百，黄薇，洪俊杰. 2012. 劳动力自由迁移为何如此重要？——基于代际收入流动的视角[J]. 经济研究，47（5）：147-159.

孙善侠，史清华. 2009. 农户借款规模的影响因素分析[J]. 上海管理科学，31（3）：27-29.

檀学文. 2013. 时间利用对个人福祉的影响初探——基于中国农民福祉抽样调查数据的经验分析[J]. 中国农村经济，（10）：76-90.

陶树果，高向东，余运江. 2015. 农村劳动年龄人口乡城迁移意愿和城镇化路径研究——基于 CGSS 2010 年数据的 Logistic 回归模型分析[J]. 人口与经济，（5）：40-49.

童馨乐，褚保金，杨向阳. 2011. 社会资本对农户借贷行为影响的实证研究——基于八省 1003 个农户的调查数据[J]. 金融研究，（12）：177-191.

童毅. 2014. 农户经营规模决策行为的影响因素研究——以江苏省稻作农户为例[J]. 现代经济信息，（8）：91-92.

汪磊. 2010. 农户行为：可分性的理论与实证研究——以云南省昭通市为例[D]. 云南财经大学硕士学位论文.

王秀东，王永春. 2008. 基于良种补贴政策的农户小麦新品种选择行为分析——以山东、河北、河南三省八县调查为例[J]. 中国农村经济，（7）：24-31.

王阳，漆雁斌. 2014. 农户生产技术效率差异及影响因素分析——基于随机前沿生产函数与 1906 家农户微观数据[J]. 四川农业大学学报，32（4）：462-468.

王益松. 2004. 农业技术进步对生产者收入影响的理论分析[J]. 中南财经政法大学学报，（3）：75-78，143，144.

韦克游. 2014. 中国农村金融对农户生产经营的支持——基于时间序列的经验证据[J]. 金融论

坛，19（11）：61-71.

魏翔，吕腾捷.2018. 闲暇时间经济理论研究进展[J]. 经济学动态，（10）：133-146.

温忠麟，叶宝娟.2014. 中介效应分析：方法和模型发展[J]. 心理科学进展，22（5）：731-745.

吴连翠.2011. 基于农户生产行为视角的粮食补贴政策绩效研究[D]. 浙江大学博士学位论文.

肖琴.2011. 农业补贴政策的有效性研究及其政策改革分析——基于顺序 logistic 模型的分析[J]. 工业技术经济，（3）：79-84.

解垩.2015. "新农保"对农村老年人劳动供给及福利的影响[J]. 财经研究，41（8）：39-49.

邢占军.2011. 我国居民收入与幸福感关系的研究[J]. 社会学研究，25（1）：196-219，245，246.

徐清.2012. 工资"拉力"与城市劳动力流入峰值——基于"推拉"理论的中国经济实证[J]. 财经科学，（10）：37-45.

杨汝岱，陈斌开，朱诗娥.2011. 基于社会网络视角的农户民间借贷需求行为研究[J]. 经济研究，（11）：116-129.

杨万江，孙奕航.2013. 粮食补贴政策对稻农种植积极性影响的实证分析——基于浙江、安徽、江西稻农调查数据分析[J]. 中国农学通报，（20）：114-118.

杨鑫，穆月英. 2020. 农业技术采用、时间重配置与农户收入[J]. 华中农业大学学报（社会科学版），（4）：50-60，176.

叶剑平，蒋妍，丰雷.2006. 中国农村土地流转市场的调查研究——基于 2005 年 17 省调查的分析和建议[J]. 中国农村观察，（4）：48-55.

袁青川.2015. 基于倾向值匹配估计的工会工资溢价研究[J]. 经济经纬，32（3）：114-119.

岳爱，杨矗，常芳，等. 2013. 新型农村社会养老保险对家庭日常费用支出的影响[J]. 管理世界，（8）：101-108.

张川川，Giles J，赵耀辉.2015. 新型农村社会养老保险政策效果评估——收入、贫困、消费、主观福利和劳动供给[J]. 经济学（季刊），14（1）：203-230.

张芳芳，陈习定，林学宏，等.2017. "新农保"对农村居民消费的影响——基于浙江省的调查数据[J].农业经济问题，38（8）：17-24.

张谋贵.2003. 论我国农村集体土地使用权的流转[J]. 毛泽东邓小平理论研究，（5）：50-54.

张雅欣，孙大鑫.2019. 人口流动如何影响主观幸福感——基于主观社会地位的中介效应[J]. 系统管理学报，28（6）：32-43.

张晔，程令国，刘志彪.2016. "新农保"对农村居民养老质量的影响研究[J]. 经济学（季刊），15（2）：817-844.

张永丽，章忠明.2010. 风险与不确定性对农户劳动力资源配置的影响——基于西部地区 8 个样本村的实证分析[J]. 华南农业大学学报（社会科学版），9（4）：11-19.

郑晓冬，方向明.2018. 社会养老保险与农村老年人主观福利[J]. 财经研究，44（9）：80-94.

钟春平，陈三攀，徐长生.2013. 结构变迁、要素相对价格及农户行为——农业补贴的理论模型与微观经验证据[J]. 金融研究，（5）：167-180.

钟甫宁，纪月清. 2009. 土地产权、非农就业机会与农户农业生产投资[J]. 经济研究，（12）：43-51.

周钦，蒋炜歌，郭昕. 2018. 社会保险对农村居民心理健康的影响——基于 CHARLS 数据的实证研究[J]. 中国经济问题，（5）：125-136.

朱喜，李子奈. 2007. 农户借贷的经济影响：基于 IVQR 模型的实证研究[J]. 系统工程理论与实践，（2）：68-75.

朱喜，史清华，盖庆恩. 2011. 要素配置扭曲与农业全要素生产率[J]. 经济研究，46（5）：86-98.

祝仲坤，陶建平，冷晨昕. 2019. 迁移与幸福[J]. 南方经济，（3）：90-110.

Adamopoulos T, Brandt L, Leight J, et al. 2017. Misallocation, selection and productivity: a quantitative analysis with panel data from China[R]. NBER Working Paper.

Adamopoulos T, Restuccia D. 2014. The size distribution of farms and international productivity differences[J]. American Economic Review, 104（6）：1667-1697.

Adamopoulos T, Restuccia D. 2015. Land reform and productivity: a quantitative analysis with micro data[R]. NBER Working Paper.

Ai C, Norton E C. 2003. Interaction terms in logit and probit models[J]. Economic Letter, 80（1）：123-129.

Akay A, Bargain O, Zimmermann K F. 2012. Relative concerns of rural-to-urban migrants in China[J]. Journal of Economic Behavior and Organization, 81（2）：421-441.

Ali A, Abdulai A. 2010. The adoption of genetically modified cotton and poverty reduction in Pakistan[J]. Journal of Agricultural Economics, 61（1）：175-192.

Amare M, Hohfeld L, Jitsuchon S, et al. 2012. Rural-urban migration and employment quality: a case study from Thailand[J]. Asian Development Review, 29（1）：59-80.

Amit K, Litwin H. 2010. The subjective well-being of immigrants aged 50 and older in Israel[J]. Social Indictors Research, 98（1）：89-104.

Bando R, Galiani S, Gertler P. 2016. The effects of non-contributory pensions on material and subjective well being[R]. NBER Working Paper.

Barnum N H, Squire L. 1979. An econometric application of the theory of the farm-house hold[J]. Journal of Development Economics, 6（1）：79-102.

Bartram D. 2010. International migration, open borders debates, and happiness[J]. International Studies Review, 12（3）：339-361.

Bartram D. 2011. Economic migration and happiness: comparing immigrants' and natives' happiness gains from income[J]. Social Indicators Research, 103（1）：57-76.

Bartram D. 2013. Happiness and "economic migration": a comparison of Eastern European migrants and stayers[J]. Migration Studies, 1（2）: 156-175.

Becerril J, Abdulai A. 2010. The impact of improved maize varieties on poverty in Mexico: a propensity score matching approach[J]. World Development, 38（7）: 1024-1035.

Becker G S. 1965. A theory of allocation of time[J]. Economic Journal, 75: 493-517.

Benin S. 2015. Impact of Ghana's agricultural mechanization services center program[J]. Agricultural Economics, 46: 103-117.

Betz W, Simpson N B. 2013. The effects of international migration on the well-being of native populations in Europe[J]. IZA Journal of Migration, 2（1）: 1-21.

Brocke K V, Trouche G, Weltzien E. 2010. Participatory variety development for sorghum in Burkina Faso: farmers' selection and farmers' criteria[J]. Field Crops Research, 119（1）: 183-194.

Bruno S F, Alois S. 2002. What can economists learn from happiness research[J]. Journal of Economic Literature, 40（2）: 402-435.

Bustos P, Garber G, Ponticelli J. 2016. Capital accumulation and structural transformation[R]. Working Papers Series.

Cai F, Du Y. 2011. Wage increases, wage convergence, and the Lewis turning point in China[J]. China Economic Review, 22（4）: 601-610.

Cai R, Esipova N, Oppenheimer M, et al. 2014. International migration desires related to subjective well-being[J]. IZA Journal of Migration, 3（1）: 1-20.

Caliendo M, Kopeinig S. 2008. Some practical guidance for the implementation of propensity score matching[J]. Journal of Economic Surveys, 22（1）: 31-72.

Calvo E. 2016. Does the Chilean Pension Model Influence Life Satisfaction? A Multilevel Longitudinal Analysis[M]. Berlin: Springer Netherlands.

Chindarkar N. 2014. Is subjective well-being of concern to potential migrants from Latin America?[J]. Social Indicators Research, 115（1）: 159-182.

Creighton M J. 2013. The role of aspirations in domestic and international migration[J]. Social Indictors Research, 50（1）: 79-88.

Czaika M, Vothknecht M. 2014. Migration and aspirations-are migrants trapped on a hedonic treadmill?[J]. IZA Journal of Migration, 3（1）: 1-21.

Deininger K. 2003. Land markets in developing and transition economics: impact of liberalization and implications for future reform[J]. American Journal of Agricultural Economics, 85（5）: 1217-1222.

Di Tella R, MacCulloch R. 2006. Some uses of happiness data in economics[J]. Journal of Economic Perspectives, 20（1）: 25-46.

Diener E, Inglehart R, Tay L. 2013. Theory and validity of life satisfaction scales[J]. Social

Indictors Research, 112（3）: 497-527.

Diener E, Suh E M, Lucas R E, et al. 1999. Subjective well-being: three decades of progress[J]. Psychological Bulletin, 125（2）: 276-302.

Dolan P, Peasgood T, White M. 2008. Do we really know what makes us happy? A review of the economic literature on the factors associated with subjective well-being[J]. Journal of Economic Psychology, 29（1）: 94-122.

Duflo E. 2001. Schooling and labor market consequences of school construction in Indonesia: evidence from an unusual policy experiment[J]. American Economic Review, 91（4）: 795-813.

Easterlin R A. 1974. Does economic growth improve the human lot? Some empirical evidence[C]// David P A, Reder M W. Nations and Households in Economic Growth: Essays in Honor of Moses Abramowitz. New York: Academic Press: 89-125.

Fan S, Gulati A, Thorat S. 2008. Investment, subsidies, and pro-poor growth in rural India[J]. Agricultural Economics, 39（2）: 163-170.

Feder G, Lau L J, Luo L X. 1990. The relationship between credit and productivity in Chinese agriculture: a microeconomic model of disequilibrium[J]. American Journal of Agricultural Economics, 72（5）: 1151-1157.

Ferguson S M, Olfert M R. 2016. Competitive pressure and technology adoption: evidence from a policy reform in western Canada[J]. American Journal of Agricultural Economics, 98（2）: 422-446.

Ferrer-i-Carbonell A, Frijters P. 2004. How important is methodology for the estimates of the determinants of happiness[J]. Economic Journal, 114（497）: 641-659.

Francis H D, Rick S L, Michael P B. 2006. Adoption of conservation tillage in Australian cropping regions: an application of duration analysis[J]. Technological Forecasting and Social Change, 73（6）: 630-647.

Frank R H. 1999. Luxury Fever: Money and Happiness in an Era of Excess[M]. New York: The Free Press.

Frey B S, Stutzer A. 2002. What can economists learn from happiness research[J]. Journal of Economic Literature, 40（2）: 402-435.

Fulford S L. 2013. The effects of financial development in the short and long run: theory and evidence from India[J]. Journal of Development Economics, 104（3）: 56-72.

Galiani S, Gertler P, Bando R. 2016. Non-contributory pensions[J]. Labour Economics, 38: 47-58.

Glaeser E L, Gottlieb J D, Ziv O. 2014. Unhappy cities[R]. NBER Working Paper.

Goodwin B K, Mishra A K. 2006. Are "decoupled" farm program payments really decoupled? An empirical evaluation[J]. American Journal of Agricultural Economics, 88 (1) : 73-89.

Graham C, Markowitz J. 2011. Aspirations and happiness of potential Latin American immigrants[J]. Journal of Social Research and Policy, 2 (2) : 9-25.

Grogan L, Summerfield F. 2019. Government transfers, work, and wellbeing: evidence from the Russian old-age pension[J]. Journal of Population Economics, 32: 1247-1292.

Heckman J J, Ichimura H, Todd P E. 1997. Matching as an econometric evaluation estimator: evidence from evaluating a job training programme[J]. The Review of Economic Studies, 64 (4) : 605-654.

Heckman J J, Navarro-Lozano S. 2004. Using matching, instrumental variables, and control functions to estimate economic choice models[J]. Review of Economics and Statistics, 86: 30-57.

Heckman J J, Vytlacil E J. 2007. Econometric evaluation of social programs, part ii: using the marginal treatment effect to organize alternative econometric estimators to evaluate social programs, and to forecast their effects in new environments[J]. Handbook of Econometrics, 6: 4875-5143.

Helliwell J F, Barrington-Leigh C P. 2010. Viewpoint: measuring and understanding subjective well-being[J]. Canadian Journal of Economics, 43 (3) : 729-753.

Hernæs E, Markussen S, Piggott J, et al. 2016. Pension reform and labor supply[J]. Journal of Public Economics, 142: 39-55.

Ichiro S, Katsunori K, Naoki K, et al. 2018. Are pension types associated with happiness in Japanese older people? : JAGES cross-sectional study[J]. PLoS ONE, 13 (5) : e0197423.

Iqbal F. 1986. The demand and supply of funds among agricultural households in India[C]//Singh J, Squire L, Strauss J. Agricultural Household Model: Extension, Application and Policy. London: World Bank Publication, John Hopkins University Press: 183-205.

Jalan J, Ravallion M. 2003. Does piped water reduce diarrhea for children in rural India? [J]. Journal of Econometrics, 112 (1) : 153-173.

Jin S, Deininger K. 2009. Land rental markets in the process of rural structural transformation: productivity and equity impacts from China[J]. Journal of Comparative Economics, 37 (4) : 629-646.

Karamba R W, Winters P C. 2015. Gender and agricultural productivity: implications of the farm input subsidy program in Malawi[J]. Agricultural Economics, 46 (3) : 357-374.

Knight J, Gunatilaka R. 2010. Great expectations? The subjective well-being of rural-urban migrants in China[J]. World Development, 38 (1) : 113-124.

Knight J, Song L. 1999. The rural-urban divide: economic disparities and interactions in China[M]. Oxford: Oxford University Press.

Koundouri P, Laukkanen M, Myyra S, et al. 2009. The effects of EU agricultural policy changes on farmers' risk attitudes[J]. European Review of Agricultural Economics, 36 (1): 53-77.

Lall S V, Selod H, Shalizi Z. 2006. Rural-urban migration in developing countries: a survey of theoretical predictions and empirical findings[R]. World Bank Policy Research Working Paper.

Lerman Z, Shagaida N. 2007. Land policies and agricultural land markets in Russia[J]. Land Use Policy, 24: 14-23.

Liu S, Zhang P, He X, et al. 2015. Productivity and efficiency change in China's grain production during the new farm subsidies years: evidence from the rice production[J]. Custose Agronegocio on Line, 11 (4): 106-123.

Lloyd-Sherlock P, Barrientos A, Moller V, et al. 2012. Pensions, poverty and wellbeing in later life: comparative research from South Africa and Brazil[J]. Journal of Aging Studies, (3): 243-252.

Lu M, Wan G. 2014. Urbanization and urban systems in the people's republic of China: research findings and policy recommendations[J]. Journal of Economic Surveys, 28 (4): 671-685.

Luan D X, Bauer S. 2016. Does credit access affect household income homogeneously across different groups of credit recipients? Evidence from rural Vietnam[J]. Journal of Rural Studies, 47: 186-203.

Mariapia M. 2007. Agricultural technology adoption and poverty reduction: a propensity-score matching analysis for rural Bangladesh[J]. Food Policy, 32: 372-393.

McCrary J. 2008. Manipulation of the running variable in the regression discontinuity design: a density test[J]. Journal of Econometrics, 142 (2): 698-714.

McKenzie D. 2012. Learning about migration through experiment[R]. CREAM Discussion Paper Series.

McKenzie D, Theoharides C, Yang D. 2012. Distortions in the international migrant labor market: evidence from Filipino migration and wage responses to destination country economic shocks[J]. Cream Discussion Paper, 6 (2): 49-75.

Menale K, Bekele S, Geoffrey M. 2011. Agricultural technology, crop income, and poverty alleviation in Uganda[J]. World Development, 39 (10): 1784-1795.

Michael B, Dan R, Trevor Y. 2010. Adoption and abandonment of organic farming: an empirical investigation of the Irish drystock sector[J]. Journal of Agricultural Economics, 61 (3): 697-714.

Ng Y K. 1996. Happiness surveys: some comparability issues and an exploratory survey based on just perceivable increments[J]. Social Indicators Research, 38 (1): 1-27.

Nikolova M, Graham C. 2015. In transit: the well-being of migrants from transition and post-transition countries[J]. Journal of Economic Behavior & Organization, 112: 164-186.

Oswald A J, Wu S. 2010. Objective confirmation of subjective measures of human well-being: evidence from the USA[J]. Science, 327 (5965): 576-579.

Otsuka K. 2007. Efficiency and equity effects of land markets[J]. Handbook of Agricultural Economics, 3: 2671-2703.

Polanyi K. 1957. The economy as instituted process[J]. Trade and Market in the Early Empires: Economies in History and Theory, 13: 243-270.

Rahman M S, Miah M A M, Moniruzzaman, et al. 2011. Impact of farm mechanization on labour use for wheat cultivation in northern Bangladesh[J]. Journal of Animal and Plant Sciences, 21 (3): 589-594.

Rosenbaum P R. 2002. Observational Studies[M]. 2nd ed. New York: Springer.

Rosenbaum P R, Rubin D B. 1983. The central role of the propensity score in observational studies for causal effects[J]. Biometrika, 70 (1): 41-55.

Rosenbaum P R, Rubin D B. 1985. Constructing a control group using multivariate matched sampling methods that incorporate the propensity score[J]. American Statistician, 39 (1): 33-38.

Roy A. 1951. Some thoughts on the distribution of earning[J]. Oxford Economic Papers, 3 (2): 135-146.

Rubin D B. 1973. Matching to remove bias in observational studies[J]. Biometrics, (29): 159-183.

Rubin D B. 1997. Estimating causal effects from large data sets using propensity scores[J]. Annals of Internal Medicine, 127 (8): 757-763.

Schultz T W. 1961. Investment in human capital[J]. The American Economic Journal, 51 (1): 1-17.

Scott J C. 1976. The Moral Economy of the Peasant: Rebellion and Subsistence in Southeast Asia[M]. London: Yale University Press.

Senik C. 2011. The French unhappiness puzzle: the cultural dimension of happiness[R]. IZA Working Paper.

Sianesi B. 2004. An evaluation of the Swedish system of active labour market programmes in the 1990s[J]. Review of Economics and Statistics, 86 (2): 133-155.

Smith J A, Todd P E. 2005. Does matching overcome LaLonde's Critique of non-experimental estimators?[J]. Journal of Econometrics, 125 (1/2): 305-353.

Stark O. 1991. The Migration of Labor[M]. Cambridge: Cambridge Massachusetts.

Stark O, Hyll W, Wang Y. 2012. Endogenous selection of comparison groups, human capital formation, and tax policy[J]. Economica, 79 (313): 62-75.

Stiglitz J, Sen A, Fitoussi J P. 2009. The measurement of economic performance and social progress revisited: reflections and overview[J]. Documents de Travail de l'OFCE, 19（1）: 115-124.

Stillman S, Gibson J, McKenzie D, et al. 2015. Miserable migrants? Natural experiment evidence on international migration and objective and subjective well-being[J]. World Development, 65（2）: 79-93.

Sumner D A. 2014. American farms keep growing: size, productivity, and policy[J]. Journal of Economic Perspectives, 28（1）: 147-166.

Todaro M P. 1996. Economic Development. New York: Addison-Wesley Publishing Company, Inc..

Todaro M P, Smith S C. 2011. Economic Development[M]. 11th ed. Boston: Addison-Wesley Press.

Vercammen J. 2007. Farm bankruptcy risk as a link between direct payments and agricultural investment[J]. European Review of Agricultural Economics, 34（4）: 479-500.

Winship C, Morgan S L. 1999. The estimation of causal effects from observational data[J]. Annual Review of Sociology, 25: 659-707.